经典悦读
系列丛书珍藏版

文艺的立场

——毛泽东《在延安文艺座谈会上的讲话》如是读

陈培永　张　蕊◎著

SPM
南方传媒　广东人民出版社
·广州·

图书在版编目（CIP）数据

文艺的立场：毛泽东《在延安文艺座谈会上的讲话》
如是读／陈培永，张蕊著． -- 广州：广东人民出版
社，2024．7 --（经典悦读系列丛书）． -- ISBN 978-
7-218-17034-3

Ⅰ．A841.24

中国国家版本馆 CIP 数据核字第 2024Z44A59 号

WENYI DE LICHANG——MAO ZEDONG《ZAI YAN'AN WENYI ZUOTANHUI SHANG
DE JIANGHUA》RUSHI DU

文艺的立场——毛泽东《在延安文艺座谈会上的讲话》如是读

陈培永　张　蕊　著　　　　　　　　版权所有　翻印必究

出 版 人：肖风华

出版统筹：卢雪华　曾玉寒
责任编辑：曾玉寒　伍茗欣
封面设计：李桢涛
插画绘图：李新慧
责任技编：吴彦斌

出版发行：广东人民出版社
地　　址：广州市越秀区大沙头四马路 10 号（邮政编码：510199）
电　　话：（020）85716809（总编室）
传　　真：（020）83289585
网　　址：http://www.gdpph.com
印　　刷：广州市豪威彩色印务有限公司
开　　本：787 毫米×1092 毫米　1/32
印　　张：4.25　字　　数：90 千
版　　次：2024 年 7 月第 1 版
印　　次：2024 年 7 月第 1 次印刷
定　　价：25.00 元

目录

导言 一个月开了三次的文艺座谈会

延安，本是一座位置偏远、山丘交错、沟壑纵横、默默无闻的陕北小城。

1937年1月，中共中央领导机关迁至此，延安开始作为红色革命圣地被大家广为熟知，至1941年的这段时期，数以万计怀揣着革命乐观主义理想又对新世界无限向往的知识分子，从全国各地来到延安。随着越来越多知识分子的汇集，延安文学艺术界逐渐暴露出一些问题，文艺工作者在理解文艺的立场问题、文艺和政治的关系、歌颂和暴露的关系时存在模糊观念，有作家感觉现实中的延安与自己起初设想的无拘无束的"创作伊甸园"相距很远，不由出现心理落差，开始产生摇摆不定、迷茫困惑的情绪，还有作家在反复追问无果与自我怀疑挣扎后想要离开延安。

古往今来，问题倒逼往往是作出重大改变、实现局势逆转的重要开端。

针对这些问题，1942年初，毛泽东就开始找一些文艺工作者问询情况，通过书信或者面谈的方式了解他们的想法，并通过实地参观边区文协等单位组织的一些文艺活动掌握延安文艺界的发展动态。1942年4月，毛泽东召开文艺座谈会的提议在中央书记处工作会议上表决通过。4月底，延安文艺界人士陆续收到了参加文艺座谈会的请帖。这份请帖的落款处写着毛泽东和时任中共中央宣传部部长凯丰两人的名字，材质是在当时延安比较稀缺的彩色油光纸，由此可以看出党中央对此次文艺座谈会的重视程度。

1942年5月2日下午1点30分，延安文艺座谈会在杨家岭的"飞机楼"（中共中央办公厅一楼会议室）召开。这场座谈会不止开了一次，5月16日、5月23日继续召开，一个月内接连召开了三次，能够看到这场座谈会的重要性，它不仅是为了"答疑解惑""稳定军心"，更是为了"拨乱反正""指引前路"。

毛泽东在5月2日和5月23日的会议上发表了两次讲话，讲话稿经整合，就形成了《在延安文艺座谈会上的讲话》（以下简称《讲话》）这篇重要文献。文献于1943年10月在延安《解放日报》上正式发表，1953年被收录进人民出版社出版的《毛泽东选集》第3卷，2011年被收录进中央文献出版社出版的《建党以来重要文献选编》第19册。

《讲话》是在特定历史条件下产生的，探讨的是抗日战争背景下如何更好地开展文艺工作的问题，革命文艺应该担负什么样的特殊使命的问题，必然带有一定时代的烙印。千帆历尽，时节如流，我们身处的时代与社会已发生深刻变化，应该如何走进这篇在革命时期完成的文艺理论作品？我们是否还能从中挖掘到对今天的文艺工作有所启发的命题和观点？

《讲话》中的每一个观点不可能都能拿到今天来强调，那今天应该秉持着什么样的研读原则呢？胡乔木有段回忆可以给我们以启发："《讲话》正式发表后不久，毛主席说：郭沫若和茅盾发表意见了，郭说：'凡事有经有权'。毛主席很欣赏这个说法，认为是得到了一个知音。'有经有权'，即有经常的道理和权宜之计。毛主席之所以欣赏这个说法，大概是他也确实认为他的讲话有些是经常的道理，普遍的规律，有些则是适应一定环境和条件的权宜之计。"①

在经典之后的时代阅读经典，关键是要挖掘经典之中的"经常的道理"。我们要进入《讲话》文本的深处，深思毛泽东当年提出的、今天仍需关注的问题，将这些问题放到我们所生活的时代背景中来思考，并借助于《讲话》中的观点来启迪我们提出有说服力的新见解。

我们会发现，《讲话》中探讨的核心论题至少包括：为什么要高度重视文艺？文艺要不要讲立场？文艺如何讲立场？如何理解文艺与政治的关系？文艺批评应该如何批评？这些问题也是我们在今天思考文艺问题、繁荣发展文艺工作时仍需认识清、琢磨透、回答好的根本问题。这本小册子努力的方向，就是围绕这些问题，阐释《讲话》中的重要观点，建构出一套具有时代感的马克思主义文艺理论。

---

① 胡乔木：《胡乔木回忆毛泽东》增订本，人民出版社 2014 年版，第 270 页。

☞ 经典地位

《在延安文艺座谈会上的讲话》作为中国化马克思主义文艺理论的奠基之作，虽然不是鸿篇巨著，但内容丰富，意蕴绵长，它全面地分析了文艺产生的源头、文艺批评的标准以及文艺与革命、文艺与政治、文艺与生活、文艺与大众的关系等诸多有关文艺的根本问题，对中国共产党的文艺政策制定和文艺事业发展具有重要指导作用，它丰富拓展了马克思主义文艺理论的宝库，奠定了我国文艺理论与实践的基本雏形，指明了社会主义文艺的根本方向，彰显了文艺价值追求的人民性，为中国文艺理论留驻了丰厚的思想资源，具有深厚意蕴与重要价值。

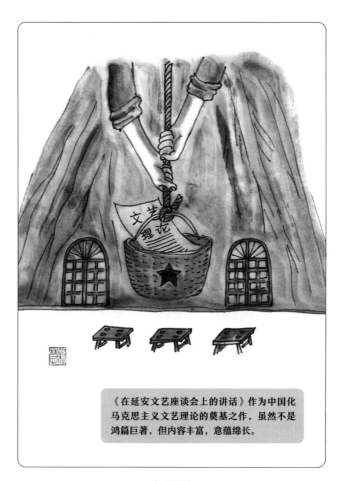

《在延安文艺座谈会上的讲话》作为中国化马克思主义文艺理论的奠基之作，虽然不是鸿篇巨著，但内容丰富，意蕴绵长。

文艺理论

一、文艺为何值得高度重视？

　　革命文艺是整个革命事业的一部分，是齿轮和螺丝钉，和别的更重要的部分比较起来，自然有轻重缓急第一第二之分，但它是对于整个机器不可缺少的齿轮和螺丝钉，对于整个革命事业不可缺少的一部分。如果连最广义最普通的文学艺术也没有，那革命运动就不能进行，就不能胜利。

1

　　谈论文艺话题，按照教科书或学术写作的思路，往往应该先从界定何谓文艺开始。对这种思路，毛泽东恰恰提出了不同意见："如果我们按照教科书，找到什么是文学、什么是艺术的定义，然后按照它们来规定今天文艺运动的方针，来评判今天所发生的各种见解和争论，这种方法是不正确的。我们是马克思主义者，马克思主义叫我们看问题不要从抽象的定义出发，而要从客观存在的事实出发，从分析这些事实中找出方针、政策、办法来。我们现在讨论文艺工作，也应该这样做。"①

我们都知道，明晰定义后，讲理论就有明确的指向性，就能圈定讨论的范围以防止不着边际地漫谈。毛泽东为什么要反对从给文学和艺术下定义开始呢？根本上在于，从定义出发，就有可能按照应然性的逻辑，要求文学艺术作品应该怎么创作，文艺工作应该如何开展，导致抱有先入之见陷入到抽象的思维路径中，不能够解决现实中的问题。

讨论文艺问题，不能离开现实、离开客观实际，毛泽东所强调的方法论同时给我们阅读这篇经典的启示在于，要深刻理解《讲话》，不能脱离其写作的历史背景，也不能离开我们生活在其中的已经发生变化的时代背景。我们需要明确毛泽东在那个时代所讲的文艺的特定所指，以防止将其中的重大命题和结论不加辨别地套用到评价今天这个时代

① 《毛泽东选集》第3卷，人民出版社1991年版，第853页。

的文艺作品、文艺工作上。

从当时革命战争的实际出发，毛泽东着重强调的是"革命文艺"这种带有指向性的文艺，确实不是指一般意义上的文艺，不是泛指所有的文学艺术作品。如果将《讲话》中这种有所指向的文艺，这种服务于抗战和民族解放的文艺、突出革命性和政治性的文艺，等同为今天所有的、一般性的文学艺术，要求所有的文学艺术作品都必须去追求政治性并达到这种高度，这不仅不会使毛泽东的文艺理论被大家认同，反而还会让大家产生怀疑。但是，在现今时代背景下阅读《讲话》这个文本，如果还只是把文艺理解为革命文艺，还是陷在当时的时代语境中，不断重复革命文艺的话题，就没有太多现实针对性，因为我们真正应该思考的是，我们所在的时代条件下一般性的文艺理论问题。

我们应该认同，无论是否是革命文艺，无论是战争时代还是和平时代的文艺，只要是文艺，都必然会有共同点、相似点。我们既不能认定《讲话》中的文艺理论已经不再适合今天的时代，也不能否定时代的差异，认定可以照搬套用那个时代的文艺理论。这是对待《讲话》中的文艺理论应该采取的科学的方法论，而且是《讲话》本身所提倡的方法论。

2

1942年，在抗日战争艰难、寻求民族解放的重要时刻，毛泽东要召开文艺座谈会，还要一个月开三次，充分体现了他对文艺、对文艺工作的高度重视。文艺、文艺工作为什么值得如此重视？如何理解文艺的重要性，事关文艺工作者的视野高度的问题，对文艺地位和作用的不同理解，决定了文艺工作者思想和行动的境界。

重视文艺是马克思主义理论的突出特质。马克思、恩格斯对文艺到底扮演何种角色有过多次论述。马克思曾指出，"随着经济基础的变更，全部庞大的上层建筑也或慢或快地发生变革。在考察这些变革时，必须时刻把下面两者区别开来：一种是生产的经济条件方面所发生的物质的、可以用自然科学的精确性指明的变革，一种是人们借以意识到这个冲突并力求把它克服的那些法律的、政治的、宗教的、艺术的或哲学的，简言之，意识形态的形式"①。

在这里，他将艺术看作一种意识形态的形式，是人们借以意识到社会变革并力求克服变革带来的冲突的其中之一种形式，这种形式（还包括法律的、政治的、宗教的、哲学的形式）是与自然科学相对应的。人类社会的变革，可以从自然科学的变化中觉察，也可以通过艺术（还包括法律、政治、宗教、哲学）的变化来观察。文艺是人们掌握世界的一种方式，是把握社会变革的方式，也是人们借以洞察时代、引领时代的方式。

在历史唯物主义的视域之下，文艺从来都不是抽象、孤立、纯主观的存在物，从来不是个体性的审美体验，而是社会存在决定的社会意识，是人类实践活动的结晶。马克思主义经典作家重视文艺，绝不是将其置于被动的地位，完全当作被经济基础决定的意识形态形式。正如恩格斯指出："政治、法、哲学、宗教、文学、艺术等等的发展是以经济

---

① 《马克思恩格斯文集》第 2 卷，人民出版社 2009 年版，第 592 页。

发展为基础的。但是，它们又都互相作用并对经济基础发生作用。这并不是说，只有经济状况才是原因，才是积极的，其余一切都不过是消极的结果。"① 文艺不是消极的结果，它的积极性体现在与政治、法律、哲学、宗教等相互影响，并对经济基础发生作用，它的潜移默化的作用会引领人们自觉地从事政治革命活动，进而推动人类社会的进步和根本性的变革。

毛泽东无疑是深谙马克思主义基本原理的，他强调，"一定的文化（当作观念形态的文化）是一定社会的政治和经济的反映，又给予伟大影响和作用于一定社会的政治和经济"②。在《实践论》中，毛泽东还将艺术活动与生产活动、政治活动以及科学活动，看作人的实践活动的重要组成部分。"人的社会实践，不限于生产活动一种形式，还有多种其他的形式，阶级斗争，政治生活，科学和艺术的

---

① 《马克思恩格斯文集》第 10 卷，人民出版社 2009 年版，第 668 页。

② 《毛泽东选集》第 2 卷，人民出版社 1991 年版，第 663—664 页。

活动。"① 将这一定位置于"实践是认识的来源"
这一命题下，可以认定艺术活动作为一种实践活
动，同样是人们认识的来源。之所以要重视文艺，
是因为它也是人们认识的来源，要想改变、引领人
们的思维、意识、观念，就必须重视文艺活动，重
视这种实践活动的产品即文艺作品。

在《讲话》中，毛泽东指出："一切种类的文
学艺术的源泉究竟是从何而来的呢？作为观念形态
的文艺作品，都是一定的社会生活在人类头脑中的
反映的产物。"② 但他紧接着就指出："人类的社会
生活虽是文学艺术的唯一源泉，虽是较之后者有不
可比拟的生动丰富的内容，但是人民还是不满足于
前者而要求后者。"③ 我们说，文艺来源于生活，又
高于生活，文艺创作能够发挥区别于现实生活的独
特功能，就在于它的艺术性表达，即"文艺作品中
反映出来的生活却可以而且应该比普通的实际生活
更高，更强烈，更有集中性，更典型，更理想"④，

---

① 《毛泽东选集》第1卷，人民出版社1991年版，第283页。

② 《毛泽东选集》第3卷，人民出版社1991年版，第860页。

③ 《毛泽东选集》第3卷，人民出版社1991年版，第861页。

④ 《毛泽东选集》第3卷，人民出版社1991年版，第861页。

文艺高于生活

这"五个更"足以凸显出毛泽东对文学艺术本身特性的重视。

可以说,文艺作为丰富人类精神生活、寻求人类解放的重要向度之一,作为推进人类社会进步的重要力量,一直以来都是马克思主义十分关注的对象。马克思主义文艺理论相对于其他文艺理论不同的地方,就在于马克思主义本身作为一种力求认识世界和改变世界的学说,作为观察时代和引领时代的学说,作为分析社会和指导社会的学说,其对文艺的理解一直是放在历史的过程性、社会的总体性中去认识的,也一直是放在推进人类社会进步、引领社会历史走向的高度去强调的。马克思主义从来没有忽视文学艺术的重要性,在今天也应该强调把文艺理论作为马克思主义理论的重要构成部分,高度重视文艺作品的创造和建构,重视文艺工作可以发挥的重要作用。

3

毛泽东高度重视文艺工作,不仅仅是建立在对马克思主义理论的深刻理解基础上,还是从当时抗日战争、革命工作的实际，放眼民族解放的需要来看的。文艺工作事关革命工作，事关民族解放，召开文艺座谈会的目的就是"研究文艺工作和一般革命工作的关系，求得革命文艺的正确发展，求得革命文艺对其他革命工作的更好的协助，借以打倒我们民族的敌人，完成民族解放的任务"①。

革命文艺是被提到抗日战争中"文武两个战线"其中之一的高度上进行定位的，"在我们为中国人民解放的斗争中，有各种的战线，就中也可以说有文武两个战线，这就是文化战线和军事战线。我们要战胜敌人，首先要依靠手里拿枪的军队。但是仅仅有这种军队是不够的，我们还要有文化的军队，这是团结自己、战胜敌人必不可少的一支军队。"② 文艺是文化战线的一部分，文艺工作者是"文化的军队"的一部分，是必不可少的重要力量。

《讲话》还将文艺工作比作整个革命工作的"齿轮和螺丝钉"，"革命文艺是整个革命事业的一部分，是齿轮和螺丝钉，和别的更重要的部分比较

---

① 《毛泽东选集》第 3 卷，人民出版社 1991 年版，第 847 页。
② 《毛泽东选集》第 3 卷，人民出版社 1991 年版，第 847 页。

起来，自然有轻重缓急第一第二之分，但它是对于整个机器不可缺少的齿轮和螺丝钉，对于整个革命事业不可缺少的一部分。"① 这种表述沿用了列宁在《党的组织和党的出版物》中关于写作事业重要作用的表述，即"写作事业应当成为整个无产阶级事业的一部分，成为由整个工人阶级的整个觉悟的先锋队所开动的一部巨大的社会民主主义机器的'齿轮和螺丝钉'"②。齿轮和螺丝钉虽然很小，但是机器要正常运转就少不了它们，形象地说明了文艺的地位和作用不能轻视。

在《讲话》中，毛泽东坚决反对托洛茨基的"政治——马克思主义的；艺术——资产阶级的"③ 这种二元论的划分方法。托洛茨基确实曾经表达过一个观点——无产阶级的文化和无产阶级的艺术是决不会存在的，原因在于：一方面，无产阶级一直处于被资产阶级剥削压迫的处境，在文化上落后，不存在创造自己文化的基本条件，"工人阶级在文化上非常落后。大多数工人不大识字，甚至完全是

① 《毛泽东选集》第3卷，人民出版社1991年版，第866页。
② 《列宁全集》第12卷，人民出版社2017年版，第93页。
③ 《毛泽东选集》第3卷，人民出版社1991年版，第866页。

文盲，仅此一点，就成了这条路上的最大障碍"①；另一方面，在阶级斗争的背景下，无产阶级的主要任务是要夺取政权，是进行政治方面的活动，破坏的东西要远远多于建设的东西，这个阶段的无产阶级无暇创造文化，对于文学以及一般艺术创作是不适宜的。基于这样的认识和判断，在托洛茨基看来，马克思主义就应该讲政治，不应该谈艺术，也没有谈艺术的必要。

毛泽东的鲜明观点是，不能说马克思主义强调政治革命，就把文艺排除在外，没有文艺，就没有政治革命的胜利，"如果连最广义最普通的文学艺术也没有，那革命运动就不能进行，就不能胜利"②，不能忽视文艺，革命者应该注意提升自己的文艺修养，重视发挥文艺的作用，"革命的文艺，应当根据实际生活创造出各种各样的人物来，帮助群众推动历史的前进。"③ 他举了一个文艺发挥重要作用的例子。在政治革命和阶级斗争的年代，

① 《"拉普"资料汇编》（上），中国社会科学出版社 1981 年版，第 157—158 页。

② 《毛泽东选集》第 3 卷，人民出版社 1991 年版，第 866 页。

③ 《毛泽东选集》第 3 卷，人民出版社 1991 年版，第 861 页。

人们的日常生活虽本就蕴藏着深刻的阶级矛盾，但人们对自己的生活已经习以为常、司空见惯，对生活中存在的一些不平等不公正现象常抱以平淡视之的态度，在实际生活中所能感悟到的也只是和自己发生联系的那一部分，不能捕捉到社会生活的各个面向，因而从自己的普通生活出发，所得到的体会更多只是一种"深刻的片面性"。这个时候文艺就可以通过塑造典型环境中的典型人物，将人剥削人、人压迫人等反映阶级矛盾的现象以更加鲜明集中的方式表现出来，使人们被遮蔽、被解构、被片面化的政治革命和阶级斗争的潜力和诉求实现普遍性的升华，进而推动历史的进步。简单说，文艺作品可以把日常的现象集中起来，把其中的矛盾和斗争典型化，使人民群众惊醒起来、行动起来，推动人民群众走向团结和斗争，改造自己的环境。

当然，高度重视文艺，也不能过度强调文艺的作用。对文艺重要性的把握有一个"度"的问题。毛泽东明确指出，"我们不赞成把文艺的重要性过分强调到错误的程度，但也不赞成把文艺的重要性估计不足"①。我们可以看到毛泽东对文艺应该处于一个什么样位置的理解和判断，他既没有一味地抬高文艺的地位，也反对看不到文艺本身具有的重要价值，这对我们今天定位文艺的地位和作用提供了基本遵循。

---

① 《毛泽东选集》第3卷，人民出版社1991年版，第866页。

二、文艺是为什么人的?

我们是站在无产阶级的和人民大众的立场。对于共产党员来说，也就是要站在党的立场，站在党性和党的政策的立场。在这个问题上，我们的文艺工作者中是否还有认识不正确或者认识不明确的呢?

1

谈论文艺话题，根本上而言就得谈文艺为什么人的问题。《讲话》明确指出，"为什么人的问题，是一个根本的问题，原则的问题"①。文艺是为什么人的问题，就是文艺的立场问题。所谓立场，简单地说，就是和谁站在一边、不和谁站在一边，替谁

① 《毛泽东选集》第 3 卷，人民出版社 1991 年版，第 857 页。

说话、不替谁说话，支持谁、反对谁的问题，它涉及的是"站队"问题。

立场很重要。越是遇到重大事件，越是到了紧要关头，立场就越重要。对一个人来说，有了立场，才能受人尊重。没有自己的明确立场，往往很容易受到他人立场的影响，就会无法站稳脚跟，风吹哪里摆哪里，人指哪里往哪里，没有独立的态度、没有明确的方向，游移不定、变动不居。对于文艺作品而言，其所持立场的正误，将直接影响整个文艺作品的倾向，从而决定它能走到哪里、能走多远。文艺工作者立足不同的立场，思考的境界是完全不同的，作品表意的深广度和价值厚度是不同的，作品所产生的现实影响和实际效果也是完全不同的。

作为人类社会的重要活动，作为一种社会意识形态，文艺一定是有立场的。文艺作品都是站在一定的立场上书写的，没有立场的文艺是不存在的。《讲话》明确指出，在阶级社会，没有"超阶级性"和"去政治化"的文艺。没有立场本身也是一种立场。文艺工作者用作品说话，他们的立场、态度、情绪、思想倾向都渗透在作品之中。一个文艺工作者不站在一种立场上，就势必会站在另一种立场上，总归是有出发点和落脚点的。

只是总有人质疑立场的重要性，总有人否定文艺作品背后的立场。有观点认为，文艺没有必要去追究其立场。文学艺术是创作者情感的抒发、个性的表达、灵感的汇集，是随心而动、有感而发的。比如一幅山水画、一个木雕、一个青花瓷花瓶、一张书法作品能看出创作者的什么立场呢？还有观点认为，立场的存在势必会削弱艺术水准，会限制文艺创作的水平，会给文艺创作加"筐子"、拴"链子"，从外在的方面干预了文艺活动所应有的自由生态。

文艺的立场与创作真的是相互矛盾的吗？不能说完全没有，立场是前提和基础，对文艺创作确实会带来一定约束和要求，但如果处理得当，创作立场和创作能力是不矛盾的。文艺工作者有了坚定的立场，反而会激发创作欲望和动力，会主动要求不断提升创作能力，自然也会取得更大的艺术成就。要防止一种观念的出现，那就是创作水平不高的时候，就推卸自己的责任，将不能创造出优秀作品归结到立场的限制。认为不讲立场，创作能力和水平就会得到提升的想法，本身就是一种幻想。

文艺作品的创作者生活在客观的现实之中，社会存在决定社会意识，他们的审美体验不是凭空而来，不是自发形成，更不是瞬息之间的体悟，而是从具有直接现实性、主观能动性、社会历史性的生活实践之中得来。创作者的文艺创作活动本身就是其日积月累的生活经验的审美转化，他们在用艺术化的方式来表达美、创造美的时候，本身一定会融入创作者的立场。作品是会"说话"的，创作者的立场、观点、思想、价值判断等已经融入了作品之中。如果一幅作品不是放在自己家里，而是流向社会，让受众接受美、欣赏美，那么这时候无论再怎么否认，创作者的立场实际上就已经在发挥社会作用了。

立场从来都不是挂在嘴边的，往往都是内蕴在文艺作品中的。公开表达自己有立场或者公开表达自己没立场的文艺工作者，毕竟是少数。而且，文艺工作者的立场不等于文艺作品的立场，不应该渴求从每一部文艺作品中都能找到创作者的立场，也不能要求作者的每一部作品都要摆明立场。

2

文艺有立场很重要，有正确的立场更重要。文艺工作者有了立场，但不是正确的立场，比不讲立场的人，伤害更大。毛泽东所强调的正确立场，是无产阶级和人民大众的立场，"我们是站在无产阶级的和人民大众的立场。对于共产党员来说，也就是要站在党的立场，站在党性和党的政策的立场。"① 共产党员站在党的立场上，就是站在无产阶级的和人民大众的立场上，实际上强调了文艺的党性和人民性的高度统一。

文艺坚持为人民的立场，就要明确人民是谁。人民从来不是抽象的，而是有具体所指的。《讲话》有一个很重要的理论贡献，那就是对人民的界定："什么是人民大众呢？最广大的人民，占全人口百分之九十以上的人民，是工人、农民、兵士和城市小资产阶级。"② 工人、农民、兵士和城市小资产阶

---

① 《毛泽东选集》第 3 卷，人民出版社 1991 年版，第 848 页。

② 《毛泽东选集》第 3 卷，人民出版社 1991 年版，第 855 页。

级，这是中华民族的最大部分，是最广大的人民大众。在当时，文艺为人民，就是要为工人、农民、兵士、城市小资产阶级。

不仅于此，毛泽东对人民的每一构成部分都进行了明确定位：工人是领导革命的阶级；农民是革命中最广大最坚决的同盟军；兵士即武装起来的工人农民，是革命战争的主力；城市小资产阶级包括劳动群众和知识分子，则是革命的同盟者、长期的合作者。可见，人民本身是一个包容的概念，强调的是团结，是同盟，是合作。对人民的强调，实际上是对马克思、列宁等经典作家依靠无产阶级作为主体力量理论的继承发展，是适应中国基本国情、战胜中国革命对象的需要。毛泽东也强调了"真正人民大众的东西，现在一定是无产阶级领导的"①，指出了无产阶级和人民大众的关系，无产阶级是人民中的领导阶级，无产阶级利益是与人民利益相一致的，为无产阶级的文艺也就是为人民大众的文艺。

还值得强调的是，人民的构成部分在不同的历

① 《毛泽东选集》第3卷，人民出版社1991年版，第855页。

史阶段，是会发生变化的。在《讲话》中，毛泽东把"兵士"列入其中，在当时抗日战争的时代背景下具有特殊性和针对性。他这时候还没有对资产阶级进行区分，将其区分为民族资产阶级和官僚或买办的资产阶级，没有把民族资产阶级作为人民的一部分。正如毛泽东在 1957 年的作品《关于正确处理人民内部矛盾的问题》中明确指出的，"人民这个概念在不同的国家和各个国家的不同的历史时期，有着不同的内容。拿我国的情况来说，在抗日战争时期，一切抗日的阶级、阶层和社会集团都属于人民的范围，日本帝国主义、汉奸、亲日派都是人民的敌人。在解放战争时期，美帝国主义和它的走狗即官僚资产阶级、地主阶级以及代表这些阶级的国民党反动派，都是人民的敌人；一切反对这些敌人的阶级、阶层和社会集团，都属于人民的范围。在现阶段，在建设社会主义的时期，一切赞成、拥护和参加社会主义建设事业的阶级、阶层和社会集团，都属于人民的范围；一切反抗社会主义革命和敌视、破坏社会主义建设的社会势力和社会集团，都是人民的敌人。"①

理解人民，理解为人民的立场，还要理解人民的对立面，理解与人民立场不同的立场。既然有为人民的立场，反过来说，自然也有不为人民的立场。毛泽东指出，为着剥削者、压迫者的文艺是有的，他讲到当时文艺工作者的三种错误立场，区分出三种不同的文艺：为地主阶级的，是封建主义的文艺；为资产阶级的，是资产阶级的文艺；为帝国主义者的，是汉奸文艺。就此而言，人民是与剥削者、压迫者相对立的，是与地主阶级、资产阶级、帝国主义相对立的。从人民的对立面，更容易把握人民的内涵，更容易明确文艺的人民立场的具体所指。

最好的讲话，一定有对象性，一定要对着讲话的听众去讲。面对文艺工作者的座谈会，毛泽东重点分析了文艺的小资产阶级立场的问题，讲了无产阶级立场和小资产阶级立场之间的区别。持小资产阶级立场的文艺作品，将小资产阶级知识分子作为作品的主角，注意力也在于研究和描写知识分子，

_____

① 《毛泽东文集》第7卷，人民出版社1999年版，第205页。

分析他们的心理，着重地去表现他们，原谅并为他们的缺点辩护，甚至给予同情和鼓吹，往往表达的是一种个人主义的思想倾向。

正是在自己的"王国"中，他们对于工农兵群众也就是对人民缺乏接近、缺乏了解，缺乏研究，不善于描写他们，不善于表现工农兵群众，反而用小资产阶级知识分子的世界观"丈量"工农兵群众生活，热衷表现和夸大其中落后的东西。在毛泽东看来："这些同志的立足点还是在小资产阶级知识分子方面，或者换句文雅的话说，他们的灵魂深处还是一个小资产阶级知识分子的王国。这样，为什么人的问题他们就还是没有解决，或者没有明确地解决。"①

文艺为什么要坚持人民的立场？归根结底，人民代表历史发展的趋势，是"人类世界历史的创造者"②，是推动人类社会历史的动力。站在这样的立场上，就是在顺应历史进程、遵循客观规律。根本上而言，文艺不是作家、艺术家闭门造车的主观臆

---

① 《毛泽东选集》第 3 卷，人民出版社 1991 年版，第 857 页。
② 《毛泽东选集》第 3 卷，人民出版社 1991 年版，第 873 页。

想或者天然灵感，它的来源不在别处，只能在现实的社会生活中，在广大人民群众的实践中。脱离人民大众，脱离日常生活，作品本身也就不接地气，也就难以发挥实实在在的效果。

人民的生活中蕴藏着丰富的文艺矿藏，只有坚持人民立场，审视人民最真实的生活，才有机会从人民群众的丰富生活中发现不断涌流的创作源泉。这样的作品在内容上才不是干瘪的、语言上才不是无力的、情感上才不是虚假的，才能够成为符合时代和人民需要的有价值的作品。脱离人民生活的文艺就像是"无源之水"，它的生命力是非常有限的，即使可以短暂存在，也只是暂时性的浅流，终究不可能流长流深，被历史淘汰和被人民遗忘是其必然的结局。

3

不仅在《讲话》发表的那个时代背景下，而且直到今天，都存在着一个不容忽视的悖谬现实是，在讲人民立场时，有人总觉得是讲空话、唱高调，而在讲人性、人类这样的话语时，又觉得是自然而

人民的生活中蕴藏着丰富的文艺矿藏，只有坚持人民立场，审视人民最真实的生活，才有机会从人民群众的丰富生活中发现不断涌流的创作源泉。

寻找文艺矿藏

然的，是应该的。如何理解文艺的"人性论""人类之爱"的观念，毛泽东专门作出了回应。

当时出现的"人性论"，不仅仅是鼓吹文艺创作应该从人性出发，要求作家在文艺作品中表达人性、高扬人性，而且还被作为文艺理论的基础，被奉为科学的理论。有没有人性？要不要讲人性？毛泽东给出了肯定的回答：当然存在，当然要讲。作品要写人，就一定要涉及人性的问题。我们不能认为马克思主义不讲人性，一旦谈人性的话题就好像背离了马克思主义的基本理论。

人是复杂的，人性也是一样。问题不在于是否承认有人性，而在于如何讲人性。问题不在于要不要人性理论，而在于如何建构科学的人性理论。毛泽东强调："只有具体的人性，没有抽象的人性"①，"有些小资产阶级知识分子所鼓吹的人性，也是脱离人民大众或者反对人民大众的，他们的所谓人性实质上不过是资产阶级的个人主义，因此在他们眼中，无产阶级的人性就不合于人性。"②

---

① 《毛泽东选集》第3卷，人民出版社1991年版，第870页。
② 《毛泽东选集》第3卷，人民出版社1991年版，第870页。

　　谈人性，得看文艺工作者站在怎样的立场上、以何种理论为基础去谈。归根究底，一些人所主张的"人性论"，是脱离人民大众和无产阶级的"人性论"，认定的是超阶级的人性，因而只能是抽象之人的人性，最终用个人主义的立场否定了无产阶级的立场、人民的立场。反对非人民立场、非无产阶级立场的"人性论"，不等于否定作家在作品中写人性，也不等于主张用政治性、集体性的宏大主题去替换复杂生活场景中揭示人性人情的书写。

　　科学的"人性论"离不开现实生活，离不开人们的实践活动和社会关系，不能在讲"人性论"的时候，把人理解为完全独立的个体，理解为不过日常生活、没有生活气息的"抽象人"，理解为仅作为空洞言说符号和概念演绎的"理念人"，应该把人理解为从事生产生活的、有血有肉的、活生生的现实的个人，理解为从事经济政治实践活动的"社会人"，理解为处于各种各样的社会关系中的"关系人"。

　　"文艺的基本出发点是爱，是人类之爱"①，这

_____

① 《毛泽东选集》第 3 卷，人民出版社 1991 年版，第 870 页。

种观念强调的是，一切从爱出发，从人类的爱出发，实际上是把"人类"作为立场。仅从表面文字上看，人类立场、人类之爱肯定是比人民立场、阶级立场更加高大上的，境界更高的。在嘲讽人民立场高调的时候，却推出来所谓更高的人类立场，在不满意于文艺为人民的时候，却推出了文艺为人类的"高见"。

如何理解爱？毛泽东是上升到哲学的层面上、从历史唯物主义的基本观点上去谈的："爱可以是出发点，但是还有一个基本出发点。爱是观念的东西，是客观实践的产物。我们根本上不是从观念出发，而是从客观实践出发。"[①] 爱本质上是一种观念，是一种社会意识，在阶级斗争和抗日战争的社会背景下，谈人类之爱，虽然听起来高大上，但注定是空想，一到现实中就扑了空、化为了泡影，这种如同"空中阁""水中月"一般的、高度理想化的文艺创作理念又如何服务于现实需要、服务于人民呢？

应该爱谁？人类中是否应该有不爱的人？爱是

---

① 《毛泽东选集》第3卷，人民出版社1991年版，第870页。

要讲对象的，文艺工作者可以爱无产阶级，可以爱人民群众，可以爱社会中真善美的东西，但"不能爱敌人，不能爱社会的丑恶现象，我们的目的是消灭这些东西"[①]。有爱就有恨，爱与恨是共存的。谈爱不能不谈恨，不能光讲爱不讲恨。毛泽东指出的现实是，日本帝国主义压迫我们，我们对日本帝国主义只能是恨，这个时候能专门去讲爱吗？能大讲人类之爱吗？

爱人需要理由吗？爱恨皆有缘由。"世上决没有无缘无故的爱，也没有无缘无故的恨"[②]。你为什么要爱人类，原因是什么？你为什么要恨一个人，原因又是什么？如果只讲所谓的"人类之爱"，却讲不出背后的所以然，讲不出人类之爱与个人爱恨的关系，这种论调和"人性论"一样，不仅没有提高境界，反而误导了现实。背离现实、不合时宜地提倡人类之爱，只能产生相反的效果。

有没有人类之爱？不能否认有。"真正的人类之爱是会有的，那是在全世界消灭了阶级之后。阶

---

① 《毛泽东选集》第 3 卷，人民出版社 1991 年版，第 871 页。

② 《毛泽东选集》第 3 卷，人民出版社 1991 年版，第 871 页。

级使社会分化为许多对立体，阶级消灭后，那时就有了整个的人类之爱，但是现在还没有。"① 毛泽东是抱有对人类之爱的理想的，只不过他是面对冷峻的现实追求美好的理想，不是空谈人类之爱的。要有世界意识，要胸怀天下，也应做到理想与现实的结合，在直面现实中追求人类之爱。

---

① 《毛泽东选集》第3卷，人民出版社1991年版，第871页。

三、文艺应如何讲立场？

　　为什么人服务的问题解决了，接着的问题就是如何去服务。用同志们的话来说，就是：努力于提高呢，还是努力于普及呢？

1

　　文艺的立场问题，不仅涉及坚持什么样的立场、为什么人的问题，还涉及如何坚持立场、如何为的问题。毛泽东指出："什么是我们的问题的中心呢？我以为，我们的问题基本上是一个为群众的问题和一个如何为群众的问题。不解决这两个问题，或这两个问题解决得不适当，就会使得我们的文艺工作者和自己的环境、任务不协调，就使得我们的文艺工作者从外部从内部碰到一连串的问题。"① 在回答为什么人的问题后，他接着谈的是如何为的问题。

文艺如何为的问题，实际上是掌握讲立场的方法和提升讲立场的能力的问题。只有立场是不够的，没有捍卫立场的方法和能力，反而会给自己所坚定的立场带来伤害。文艺要讲立场，但这并不意味着就要把立场挂在嘴边，表达在字里行间。掌握不了方法，提升不了能力，只讲立场就很容易成为空洞口号的高喊者，而且在现实生活中，往往是没有方法和能力的人更喜欢大谈特谈立场。立场不能为一个人的无能埋单，也不需要无能的人去大讲特讲。

文艺如何为人民，如何坚定人民立场，毛泽东不止一次讲到了讲立场的动机和效果的关系问题，重点回应了一种错误观念，即"不是立场问题；立场是对的，心是好的，意思是懂得的，只是表现不好，结果反而起了坏作用"②。动机很重要，一个人

① 《毛泽东选集》第3卷，人民出版社1991年版，第853—854页。
② 《毛泽东选集》第3卷，人民出版社1991年版，第873页。

有文艺创作为人民的动机，这是有立场的表现，只不过，好的动机并没有产生好的效果，反而起了坏的效果，也不能说这个人没有立场。这种观点恰恰是有问题的，毛泽东反问道："效果问题是不是立场问题？一个人做事只凭动机，不问效果，等于一个医生只顾开药方，病人吃死了多少他是不管的。又如一个党，只顾发宣言，实行不实行是不管的。试问这种立场也是正确的吗？这样的心，也是好的吗？"[1]

动机是好的，但是有态度没能力，有好的初衷却产生坏的效果，对我们来说，可能理解为就是没有把握好讲立场的科学方法，是有立场但没有很好捍卫自己立场的表现。在毛泽东看来并不是如此，这是效果问题，也是立场问题，没有产生好的效果也不能说一个人坚持了立场。没有好的效果，立场就是不对的。简单说，好心办坏事，不是真正地坚持立场。

一个人不能总说自己的立场是对的，动机是好的，等落到现实中却变了样，还以为自己立场没问

---

① 《毛泽东选集》第3卷，人民出版社1991年版，第873页。

题。"我们判断一个党、一个医生，要看实践，要看效果；判断一个作家，也是这样。"① 如果有好的动机，没有好的结果，就不能再讲自己立场是对的，就应该认识到自己的错误，改正自己的缺点。毛泽东持这种观点是有针对性的，当时一些文学艺术工作者虽然知道正确的立场，也在创作中不遗余力地讲立场，但实际上对立场也是一知半解，在立场问题上并没有真正掌握，在实践中遇到问题也不去改正，极易出现偏离和走样的现象。文艺工作者只有为人民创作的主观动机，但对于作品被人民接受的程度和评价的好坏不予关心，对客观的效果反馈不予反思，有立场却没有方法和能力讲好立场，文艺创作的价值一定会大打折扣。

只有在动机与效果相统一的追求中，才能一步步真正懂得正确的立场，才能捍卫正确的立场。毛泽东指出："究竟是看动机（主观愿望），还是看效果（社会实践）呢？唯心论者是强调动机否认效果的，机械唯物论者是强调效果否认动机的，我们和这两者相反，我们是辩证唯物主义的动机和效果的

① 《毛泽东选集》第3卷，人民出版社1991年版，第873—874页。

统一论者。为大众的动机和被大众欢迎的效果，是分不开的，必须使二者统一起来。"① 评价一个人是否有立场，是否真正坚持了立场，动机和效果不能分开，而且两者最终要统一到效果中去。"检验一个作家的主观愿望即其动机是否正确，是否善良，不是看他的宣言，而是看他的行为（主要是作品）在社会大众中产生的效果。社会实践及其效果是检验主观愿望或动机的标准"②。

动机有的时候不易分辨，立场有的时候也不容易看清。强调效果，归结到效果与动机的统一，就能轻易辨别出动机不纯的人，就能评判一些人是否真有立场，就能让一些自认为自己立场坚定实际上却总是好心办坏事的人认识到，自己并没有真正地坚持立场，不要再去拿立场说事，为自己辩护，就能警醒他们一定要掌握创作的方法，提升创作的能力，注重实实在在的效果。

《讲话》中关于立场的动机与效果论，仍具有高度的现实意义。我们当下的文艺创作也存在这个

---

① 《毛泽东选集》第3卷，人民出版社1991年版，第868页。

② 《毛泽东选集》第3卷，人民出版社1991年版，第868页。

如此宣传

问题，虽然立场没有问题，动机也不能说就是坏的，但效果却实在是让人无法接受。比如一些以抗日战争为主题的电视剧，出现"手撕鬼子""徒手接子弹""子弹会自动拐弯""用飞刀与手枪搏斗""能吃又能炸敌人的蔬菜雷"等画面；一些剧中还出现整天谈恋爱还无往不胜的军官，与敌人搏斗时戴墨镜、梳大背头、衣着光鲜的军人，浓妆艳抹的女军人等，情节夸张，不切实际，剧情发展毫无逻辑，甚至违背自然规律和生活常识，导致作品表现的效果与创作的动机严重背离。这就说明，肯定不能因为自认为自己立场正确、动机是好的，就是真正地坚持了立场。

2

文艺如何为人民，如何坚定人民立场，毛泽东重点讲的一个话题是普及和提高的问题。普及和提高是文艺工作的两项任务，普及可以说就是创造比较简单浅显的、容易为广大人民群众所迅速接受的文化知识和文艺作品，提高可以说就是创造高级的、细致的、难以在人民群众中流传也注定少数人才能需要的文化知识和文艺作品。

毛泽东使用了公元前三世纪楚国的两种歌曲来分析形容普及和提高的工作，普及提供的是"下里巴人"，即流传很广的民间歌曲，提高提供的是"阳春白雪"，即供少数人欣赏的较高级的歌曲。他没有否定或贬低任何一种，"下里巴人"和"阳春白雪"都需要，不能以一种否定另一种。问题是，普及和提高哪个更重要，文艺更应该努力于普及还是提高？

回答这个问题，毛泽东没有简单地进行选择。他强调的是，应该根据文艺服务的对象的情况来判定。文艺为的是什么人，要看服务的对象本身的情况，来强调普及重要还是提高重要。没有明确对象，谈普及和提高谁更重要，注定是没有意义的，给不出令人满意的答案。只有明确了对象，才能找到普及和提高的正确关系。一定要有对象意识，明确文艺作品给谁看。当时面对的是工农兵，他们不识字、无文化，迫切要求一个普遍的启蒙运动，那普及就很重要，"下里巴人"就很重要。

但当时延安文艺界存在的一个问题就是轻视普

及的作用,不自觉地强调了提高。在当时也包括在今天,都不能过度地强调提高。提高要有基础,应该在一定基础上提高,不应以"曲高和寡"为创作追求,而是要将"高雅"以人民群众喜闻乐见的方式呈现出来。反之,远离群众生活,或者超过人们欣赏能力和接受水平的文艺创作,其效果一定会不理想。

当然,随着人们文化水平和文学艺术修养的提升,普及和提高谁更重要就会发生变化。人民要求普及,跟着也就要求提高,要求逐年逐月地提高。不能永远停留在普及这个水平上,要根据广大群众已经达到的水准,强调文艺提高任务的重要性,当越来越多的人已经需要"阳春白雪"的时候,还总是提供"下里巴人",就有问题了。这种提高无疑是在普及基础上的提高,普及到一定程度上的提高,这个时候当然也需要普及,但普及已经是高水平的普及了。

普及和提高不能够完全分割开来。不能说只要普及,或者只要提高,普及和提高是相互作用的关系,普及中有提高,提高中也有普及,普及是为了提高,提高的过程中又包含着更上一个层次、更高一个阶段的普及。在一时一地是提高的东西，在另一时另一地也可能变成普及的东西，应该动态地审视普及和提高的关系。普及和提高相互贯通，都是循序渐进、不断深化的过程，可以说普及和提高的工作都只有进行时，没有完成时。

今天的文艺工作仍然需要正确理解普及、提高任务以及两者之间的关系。错误的观念是，认为普及的东西就应该最大限度地迎合人们的需求，甚至是一些低俗、庸俗的趣味，大谈娱乐为王、感官刺激、享乐放纵、奋斗无用等，认为这样的作品才是最真实、最接地气、最符合人们的想法的；认为提高的东西就应该是极其小众的，刻意追求陌生化和新奇感，认为大多数人看不懂、理解不了的才是高水平的，远离生活和现实的才是真正有高雅艺术气质的。这样的认识把普及庸俗化，把提高小众化，而且割裂了普及和提高的内在联系。普及的对象和提高的对象都是人民群众而不是极少数人，普及永远是为着提高人民群众、发展人民群众而做的，提高也永远是从普及出发、从提炼现实生活的意义出发而做的。

在讲清楚普及和提高的关系后，毛泽东还专门

创作过程

讲了专门家（包括文学专门家、戏剧专门家、音乐专门家、美术专门家）和普及工作者的关系问题。强调了要尊重专门家，但专门家也要去关心普及工作者，要防止自己的"专门"脱离群众、脱离实际内容。今天的文艺工作者也包括哲学社会科学工作者，确实都在做着"专门"的事情，在追求深度的同时，创作的作品越来越难起到普及的作用，普及的通俗的作品还会以"不是学术"的名义不受认可。应该认识到，优秀的作品在内容上从来都是普及和提高兼具的，文艺工作者、哲学社会科学工作者应该多多创作这样的作品，而且也只有这样的作品才会发生更大的作用，才能更好体现创作者自己的价值。

3

文艺如何为人民，如何坚定人民立场，毛泽东还讲到了大众化的问题。"什么叫做大众化呢？就是我们的文艺工作者的思想感情和工农兵大众的思想感情打成一片。而要打成一片，就应当认真学习群众的语言。"① 文艺如何做到大众化，除了要了解大众、熟悉大众之外，毛泽东重点强调了两个方面，一是与大众的思想感情打成一片，一是认真学习群众的语言。我们今天常常讲马克思主义大众化，但真正做到大众化并不容易，毛泽东提出的这两个方面无疑提供了重要借鉴。

文艺工作者对广大人民群众要有感情上的认同。人与人之间心与心的距离如果远了，即使是地理上的距离再近，彼此也隔着难以逾越的心理"深沟"和情感"山海"，终究是没有办法真正团结在一起的。一个文艺工作者对于表现对象和服务对象，若没有感情上的内在认同和真正热爱，那么他的作品也一定夹带着对广大人民群众的漠视感与疏离感，这种"私心"的流露自然不会起到大众化的正面效果。

真正做到"大众化"，根本上就是要在深入大众和熟悉大众的基础上实现思想感情的转变，实现对广大人民群众在感情上的深刻认同。"我们知识分子出身的文艺工作者，要使自己的作品为群众所

① 《毛泽东选集》第3卷，人民出版社1991年版，第851页。

欢迎，就得把自己的思想感情来一个变化，来一番改造。"① 毛泽东以自己情感转向的经验为例，进行了十分生动的示范性说明。"我是个学生出身的人，在学校养成了一种学生习惯，在一大群肩不能挑手不能提的学生面前做一点劳动的事，比如自己挑行李吧，也觉得不像样子。那时，我觉得世界上干净的人只有知识分子，工人农民总是比较脏的。知识分子的衣服，别人的我可以穿，以为是干净的；工人农民的衣服，我就不愿意穿，以为是脏的。革命了，同工人农民和革命军的战士在一起了，我逐渐熟悉他们，他们也逐渐熟悉了我。这时，只是在这时，我才根本地改变了资产阶级学校所教给我的那种资产阶级的和小资产阶级的感情。这时，拿未曾改造的知识分子和工人农民比较，就觉得知识分子不干净了，最干净的还是工人农民，尽管他们手是黑的，脚上有牛屎，还是比资产阶级和小资产阶级知识分子都干净。"②

只有在思想感情上发生"质变"，产生情感上

---

① 《毛泽东选集》第 3 卷，人民出版社 1991 年版，第 851 页。

② 《毛泽东选集》第 3 卷，人民出版社 1991 年版，第 851 页。

的"飞跃"，文艺工作者才能真正突破"心墙"、放下"身段"，才能获得群众的赏识，才能真正实现大众化。

对于我们每个人来说，在人际交往中，只有真正地站在对方的角度思考问题，切实考虑到对方的想法和利益，以积极行动来帮助对方，才能获得对方真正的认同。没有情感上的投入，表面上对对方表示认同，说一些冠冕堂皇的大话套话，耍弄小聪明，不可能获得对方的真正认同，也不能让对方按照自己的想法干，成就自己的一番事业。

与人民群众的思想感情打成一片，就要认真学习人民群众丰富的生动的语言。思想、理论都是通过语言和文字来表达的，如果语言无味、文字生硬，不能把握大众的语言，用自己生造出来的和人民群众的语言相对立的不三不四的词句创作，肯定不能实现大众化。在毛泽东看来，文艺工作者需要让自己融入到工农群众中去，熟悉他们语言、运用他们的语言、改造他们的语言，这样作品才能让群众易于接受和理解，才能真正起到大众化的作用，起到服务于大众的效果。创作者对群众有情感上的真心认同，用他们的语言来表达，加深对现实生活的理解和体认，这样的作品才能真正让群众在作品中看见"自己"，才能更好发挥推进社会进步的作用。

4

文艺如何为人民，如何坚定人民立场，毛泽东还讲了如何处理好"歌颂"和"暴露"的关系问题，即文艺应该主要在于歌颂、写光明，还是主要在于暴露、写黑暗，应该主要是满腔热情还是冷嘲热讽。毛泽东在《讲话》中指出了当时延安文艺界存在的八种糊涂观念，涉及这个问题的可以说就有四种，分别是："从来的文艺作品都是写光明和黑暗并重，一半对一半""从来文艺的任务就在于暴露""还是杂文时代，还要鲁迅笔法""我是不歌功颂德的；歌颂光明者其作品未必伟大，刻画黑暗者其作品未必渺小"[①]。

这些观念，认为文艺作品不应该以歌颂为主，应该通过暴露黑暗，通过鲁迅式的杂文针砭时弊，

---

① 《毛泽东选集》第3卷，人民出版社1991年版，第871—873页。

揭露社会的问题，借以唤醒人们的意识，推进社会问题的解决。这种想法当然是有存在的合理性的，不能说完全没有道理。问题在于，不管针对谁，不管什么场合，都固执地坚持这样做。不分什么样的社会条件，不管面对什么样的人，谈歌颂与暴露应该占多少比重，是没有意义的，不可能正确认识、妥善处理歌颂与暴露的问题。

重在歌颂还是暴露，还是要看在什么条件下、针对哪些人。对于无产阶级和人民群众，应该不吝惜赞美和歌颂，对一切敌人以及反对、危害人民群众的黑暗势力，就要不吝惜暴露和批判。暴露的对象只能是侵略者、剥削者、压迫者及其在人民中所遗留的恶劣影响，而不能是人民大众。"对于人民，这个人类世界历史的创造者，为什么不应该歌颂呢？无产阶级，共产党，新民主主义，社会主义，为什么不应该歌颂呢？"①

"人民也有缺点的。无产阶级中还有许多人保留着小资产阶级的思想，农民和城市小资产阶级都

---

① 《毛泽东选集》第3卷，人民出版社1991年版，第873页。

有落后的思想"①。对于人民的缺点是需要批评的，但必须是真正站在人民的立场上，用保护人民、教育人民的满腔热情来说话，用人民内部的批评和自我批评来克服，不应该是什么"暴露人民"，对人民群众冷嘲热讽，紧抓缺点不放。"除非是反革命文艺家，才有所谓人民是'天生愚蠢的'，革命群众是'专制暴徒'之类的描写。"②

毛泽东并没有否定"暴露"和"讽刺"存在的意义，反而强调了讽刺是永远需要的，只是不能乱用，"我们并不一般地反对讽刺，但是必须废除讽刺的乱用"③。在今天，我们的文艺界也同样面临着如何处理"歌颂"与"暴露"的关系问题。还要不要歌颂，要不要批判，要不要讽刺？习近平指出："生活中并非到处都是莺歌燕舞、花团锦簇，社会上还有许多不如人意之处、还存在一些丑恶现象。对这些现象不是不要反映，而是要解决好如何反映的问题。古人云，'乐而不淫，哀而不伤'，'发乎情，止乎礼义'。文艺创作如果只是单纯记述现状、

---

① 《毛泽东选集》第3卷，人民出版社1991年版，第849页。

② 《毛泽东选集》第3卷，人民出版社1991年版，第872页。

③ 《毛泽东选集》第3卷，人民出版社1991年版，第872页。

原始展示丑恶，而没有对光明的歌颂、对理想的抒发、对道德的引导，就不能鼓舞人民前进。应该用现实主义精神和浪漫主义情怀观照现实生活，用光明驱散黑暗，用美善战胜丑恶，让人们看到美好、看到希望、看到梦想就在前方。"①

歌颂也好，暴露也罢，都是为了推动人类社会的进步。如果歌颂能够起到作用，当然就应该强调，如果暴露能够起到作用，也当然应该强调。不能轻下断言只能歌颂或只能暴露，要具体问题具体分析。要歌颂，但不要脱离生活真实的抽象歌颂，不要过度地、一味地"为了歌颂而歌颂"；要暴露，但不要歪曲历史和现实的暴露，不要盲视光明面、只挖掘黑暗面的"为了批判而批判"。

文艺工作者在创作中应该审慎思考歌颂和暴露的张力，坚持适度原则，从解决问题的目的来讽刺，以建设性的考量来暴露。我们的生活中不光只有真善美的一面，对于现实生活中存在的一些假恶丑现象，文艺工作者不应该通过艺术化的方式进行

---

① 习近平：《在文艺工作座谈会上的讲话》，人民出版社 2015 年版，第 19—20 页。

遮蔽和隐瞒，应该引领人们思考问题的解决之道，指明正确的方向在何处，实际上这才是艺术忠实于生活、忠实于人民群众的重要表现。

四、文艺与政治的关系

在现在世界上，一切文化或文学艺术都是属于一定的阶级，属于一定的政治路线的。为艺术的艺术，超阶级的艺术，和政治并行或互相独立的艺术，实际上是不存在的。

1

谈文艺为什么人的问题，就必然涉及文艺的政治性问题，涉及文艺与政治的关系问题。文艺为什么人的问题，本身就内含着政治意蕴。文艺与政治的关系无疑是毛泽东《讲话》中的重要内容。

毛泽东的观点是明确的，"文艺服从于政治"[①]，

---

① 《毛泽东选集》第 3 卷，人民出版社 1991 年版，第 866 页。

"文艺是从属于政治的"①。一听到"服从""从属",可能立马会让我们觉得文艺的主体性被削弱了,文艺的地位降低了,以至于根本没有思考这个观点在当时提出的背景,也没有去细细琢磨其中道理的深刻性以及其对当今时代文艺与政治关系问题的启示之所在。不能离开原初的语境,去理解一个命题。回到《讲话》原文,可以更好理解"服从""从属"究竟是什么意思,"文艺服从于政治""文艺是从属于政治的"背后的针对性是什么。

毛泽东指出:"在现在世界上,一切文化或文学艺术都是属于一定的阶级,属于一定的政治路线的。为艺术的艺术,超阶级的艺术,和政治并行或互相独立的艺术,实际上是不存在的。"② 显然,这段话强调的是,在还存在阶级与阶级对立的社会中,文艺天然具有政治性,这是一切文艺都不能摆脱的属性。看似中立或无价值取向的文艺作品,或者自我宣称客观中立的文艺作品,归根结底都具有一定的价值取向,都是站在一定的阶级立场和政治

---

① 《毛泽东选集》第3卷,人民出版社1991年版,第866页。
② 《毛泽东选集》第3卷,人民出版社1991年版,第865页。

倾向上去言说的。具体到无产阶级的文学艺术，它一定是无产阶级整个革命事业的一部分，一定要服从、服务于无产阶级的革命事业的。

在任何历史时期，不论人们的主观意愿如何，文艺与政治都是密不可分的，这种联系是客观的，不以人的意志为转移。人们常说，文艺源于生活，又高于生活，生活是文艺创作取之不尽、用之不竭的来源和对象，毫无疑问政治也是人们的一种生活方式，它也作为人们生活的一部分，文艺创作自然不可能绕开政治。只要人还是政治的动物，人的活动还包括从事政治活动，想要人为割裂文艺与政治、使文艺脱离政治驶入自由单行道的想法都是不切实际的幻想。

2

受毛泽东《讲话》的影响，"文艺为政治服务"的观点很长一段时间内被人们广泛认同，被认定为必然的、不以人的意志为转移的、自然而然的规律。但从 20 世纪 70 年代末开始，我国文艺理论界的一些学者对文艺与政治的关系提出新的看法，形成了广泛而热烈的争论。有学者指出："在这场大讨论中，除了少部分人仍坚持'文艺为政治服务'的观点外，大多数人都对此表示质疑，认为'文艺为政治服务'违背了文艺的特殊规律，把文艺的社会功能简单化为政治宣传工具，容易导致文艺创作的概念化、公式化以及文艺批评的简单粗暴等等，从而危害文艺的健康发展。因此一些人倡导文艺应当与政治拉开距离，回归审美，这样才能保持文艺的相对独立性。这种观点和思路推演发展到极致，便是有人主张文艺彻底脱离政治，离政治越远越好。"①

在这场讨论中，"必须为文艺正名"的口号出场了，"文艺应该脱离政治"的观念出现了，指向的是政治对文艺的负面影响。反对文艺服从于政治，无疑是有一定原因的。事实上，"文艺"和"政治"这两个概念放在一起，在理解上都很容易使人产生一些先入为主的认识，容易把文艺理解成审美、娱乐的活动，把政治理解为严肃、压抑的活

---

① 赖大仁：《试论文艺与政治的"张力"关系》，《社会科学辑刊》2010 年第 5 期。

动。古往今来，政治也确实出现过这种问题，阻碍了文艺创作。比如中国明清时期盛行的八股文，就是封建皇权政治严格限制当时读书人进行自由文学创作的典型。八股文是一种按照规定格式进行写作的僵化文学形式，它禁锢和扼杀了人们的新思想和新创意，严重遏制了文学健康发展的空间，阻碍了文化的进步，最终作为中国传统文化中的糟粕被丢弃掉。

文艺不能沦为简单的政治宣传工具，要保持自己的独立性，是没有问题的。1938年，《在鲁迅艺术学院的讲话》中，毛泽东就曾明确讲过一个观点："艺术上的政治独立性仍是必要的，艺术上的政治立场是不能放弃的。"① 正确地理解文艺服从于政治，不能过度强调每一个文艺作品的政治性，不能认为一些文艺作品没有明确表达、只是模糊政治观点似乎就是有问题的，不能将政治完全凌驾于文艺之上，将文艺完全视为政治输出工具，这并非中国文艺发展的主流，它只会带来政治与文艺的双向迷失与畸变，只会造成政治与文艺的双重倒退，因

① 《毛泽东文集》第2卷，人民出版社1993年版，第121页。

为这既背离了政治发展的正常路径，同样也违背了文艺发展的规律，注定不能够取得发展。

如果文艺工作者只是大谈文艺的政治正确，却远离生活实际，夸大政治属性而违背生活逻辑，他们在作品中创作出来的就只能是高度理想化、脱离实际的抽象形象，不仅起不到影响和教育人民群众的作用，反而还会被人们拒绝和排斥。过度强调文艺的政治属性，不论是对文艺还是对政治来说，都是有所伤害的。

但这种追求不能走向另外一个极端，即过度强调文艺的独立性，恨不得人为地给文艺和政治画上一条清晰的"楚河汉界"，时刻"盯紧"和"提醒"政治一定不能越界，名义上是想让文艺能够拥有自由驰骋的疆域，保护文艺、发展文艺。当今时代文艺的"去政治化"，出现了创作价值观上的"傻乐主义"倾向，即认为文艺应该不去涉及政治问题，应侧重于"去政治化"，把文艺的娱乐价值无限放大，结果是文艺作品脱离严肃政治话题，抛却深刻社会意义，回避重大的时代性课题，在价值旨趣上只能趋向庸俗化和肤浅化，从长远看注定难以成为广受大众欢迎的文艺作品。

3

文艺服从、服务于政治，关键是文艺服从、服务于什么样的政治？是什么样的政治值得文艺的服从、服务？显然，不是什么样的政治都可以是文艺要服从、要服务的对象，落后的政治、腐朽的统治肯定不是文艺要服从、要服务的对象。

毛泽东在《讲话》中所说的"政治"不是一般意义上理解的那种泛化概念的政治，而是具有特定历史内涵的政治，它首先是抗日战争这种政治。文艺服从于政治，要求党内外的一切文艺工作者都团结起来，服从、服务于抗日。正是在此意义上，有学者认为，"'文艺服从于政治'里的那个'政治'既非行政意义上的政治，亦非权威、支配、统治意义上的政治，而是一个自我改造中的革命政治。所谓'文艺服从于政治'是要求革命的文艺工作者突破惯性的自我状态投入到革命政治的自我改造实践中，经由参与革命政治的改造而打造新的革命者主体，再由此产生新的文艺。"①

在革命战争年代，毛泽东对"政治"的理解偏向于阶级维度，所强调的政治是无产阶级的、人民群众的政治，他实际上对"政治"进行了定性："我们所说的文艺服从于政治，这政治是指阶级的政治、群众的政治，不是所谓少数政治家的政治。政治，不论革命的和反革命的，都是阶级对阶级的斗争，不是少数个人的行为。"② 政治不是少数政治家的政治，不是少数个人的政治。在当时突出强调阶级的政治、群众的政治，是结合抗日战争时期的特殊情况而作出的判断。虽然对"政治"本身的理解，也会随着时代的变化而发展，但不变的是，文艺服从政治，不能是服务于少数人的政治，而是服务于先进阶级、服务于人民群众的政治。

在新的历史条件下，随着时代发展要求的变化，邓小平曾指出："文艺是不可能脱离政治的。任何进步的、革命的文艺工作者都不能不考虑作品的社会影响，不能不考虑人民的利益、国家的利

① 程凯：《政治与文艺的再理解——从胡乔木讲话反观〈在延安文艺座谈会上的讲话〉》，《文学评论》2017 年第 5 期。

② 《毛泽东选集》第 3 卷，人民出版社 1991 年版，第 866 页。

益、党的利益。培养社会主义新人就是政治。"① 显然，他强调了文艺的政治性，给出了对政治的新理解。实际上，服务于先进阶级的政治、服务于人民群众的政治，必然是服务于人类社会进步趋势的政治。文艺服从于政治，就是要顺应人类社会历史的进程，自觉与时代发展进程相一致。文艺服从的政治是这种政治，而不是其他的什么政治。

4

文艺要服从、服务于政治，不是要否定文艺本身的独立性和主体性，不是说文艺就会成为政治的奴婢。文艺自然有自己的独立性和主体性，反过来也会影响政治、改变政治，毛泽东也强调，"文艺是从属于政治的，但又反转来给予伟大的影响于政治"②。我们说，听人说话，要把话听全了。看毛泽东讲文艺与政治的关系，也得看全了。不能只看到毛泽东强调了政治对文艺的作用，还得看到他也强

---

① 《邓小平文选》第 2 卷，人民出版社 1994 年版，第 256 页。

② 《毛泽东选集》第 3 卷，人民出版社 1991 年版，第 866 页。

调了文艺会给政治施加影响。

文艺与政治不是单向影响的关系，而是一个双向影响的关系。文艺对政治当然会发挥能动的反作用。文艺表达一定的政治观念、价值和意识形态，不是生硬地刻画，而是进行艺术性和创造性的书写和表现。文艺可以用艺术化的方式表现一些敏感性的利益关切话题，引起民众迫切关注相关的现实问题，形成强大的社会舆论，推进相关政令法规的出台或废止，促进政治议题以及其他相关议题的解决。认为文艺在服从于政治的时候只是被动而为，自然无法全面地把握文艺与政治的关系，从而造成错误的、片面的认识。

文艺与政治不是单向服务的关系，而是一个双向服务的关系。文艺服从于政治，也会对政治有所要求。一些反映政治现实题材的文艺作品，不可能闭门造车空想而来，它们的创作需要获取相应的一手资料，一些相关的政治部门或者单位，可以在内容选材真实性和细节精准度上提供支持，让文艺作品得以更加生动逼真、活灵活现地呈现出来，产生制作精良、引人入胜的效果。政治会对文艺有所约束，也会为文艺"保驾护航"。文艺的繁荣发展与适度宽松的文艺政策、相对自由的舆论氛围、良性竞争的文化市场等密不可分，凡此种种都离不开政治对文艺的扶持。政治对文艺的不同态度，在很大程度上影响着文艺走向哪里，能走多远。政治不仅要为文艺"补台"，更要"搭台""扩台""站台"，要尊重文艺发展规律，积极发挥引领和扶持作用，为文艺创作搭建宽松包容的良好环境和平台，为文艺发展创造更多更富实效的利好条件。之所以有人把政治理解为文艺的否定面，其实是没有看到或故意否定政治对文艺的正向价值。我们应该摒弃政治单向规制文艺，政治只会以强制、灌输的方式介入文艺的错误认识，打破只要有政治介入，文艺创作的水平就会受限制的错误的逻辑推断。

总体而言，应该如何理解文艺与政治的关系？我们不能陷入到非此即彼的思维中：要么是文艺脱离政治、不讲政治，要么是完全从属于政治、不讲独立性，在文艺的完全独立化和极端政治化之间进行极限拉扯。文艺与政治不可能相互隔绝，文艺与政治的关系更多表现为一种交互型的"对话—张力"关系。我们应该把文艺与政治的关系视作一个交互过程的展开。文艺需要政治的保障

文艺与政治不可能相互隔绝，文艺与政治的关系更多表现为一种交互型的"对话—张力"关系。

积极扶持

和引导，政治需要文艺的艺术化表现和反映，二者既有功能性上的对话关系，又注定有结构性上的张力关系。

五、文艺批评应该如何批评?

文艺批评有两个标准,一个是政治标准,一个是艺术标准。按照政治标准来说,一切利于抗日和团结的,鼓励群众同心同德的,反对倒退、促成进步的东西,便都是好的;而一切不利于抗日和团结的,鼓动群众离心离德的,反对进步、拉着人们倒退的东西,便都是坏的。

1

任何文艺作品被创作出来以后,只要面向他者、面向大众、面向社会,就必然要面对文艺批评。文艺批评古已有之。从人类社会的文艺发展史看,文艺批评与文艺理论相伴共生。任何文艺繁盛的时代一定是重视文艺批评、善于开展文艺批评的时代。毛泽东在《讲话》中专门用了一部分内容来探讨文艺批评问题，并指出"文艺批评应该发展，过去在这方面工作做得很不够"①，足以见得他对文艺批评问题的格外关注与重视。

何谓文艺批评？一看到"批评"，容易理解为对文艺作品采取批评的态度，找出文艺作品存在的问题和局限，看到自己不满意的作品就对其痛批一番，这是对文艺批评的片面解读。实际上，文艺批评是一个中性词，即文艺评价，就是对一定社会中的文艺创作者及其作品、文艺思潮、文艺现象也包括文艺评论的得失优劣进行评价的过程及其活动。文艺批评是要扬善抑恶、褒益贬害，批评坏的，指出坏在哪里，表扬好的，指出好在何处。它是审视和裁定文艺创作优劣好坏的规制和评价工作，是推动文艺事业发展的关键一环。

对于文艺工作而言，文艺创作与文艺批评就好比是它的"左膀右臂"，两者是一体互通的。有观点认为，我们关注文艺的重点应该放在文艺创作的过程上，文艺批评只是在此过程之后的一种"事后

---

① 《毛泽东选集》第 3 卷，人民出版社 1991 年版，第 868 页。

工作"，它和文艺创作本身并没有太多直接的关联性，即使没有文艺批评也不会对文艺创作产生什么影响，显然是不对的。文艺批评以文艺创作为前提，又对文艺创作产生影响；文艺创作以文艺批评为镜鉴，又反过来推动文艺批评的发展。文艺事业要取得发展，就少不了文艺创作与文艺批评的双向补充和良性互动，哪一方面都不能偏废。

文艺批评不是可有可无，而是极其重要、必须有之，在推动文艺事业繁荣发展的过程中发挥着举足轻重、不可替代的作用。好的文艺批评可以引领文艺创作的正确方向，为文艺创作营造良好的发展生态，反之，有害的文艺批评则会将文艺创作引入歧途，把文艺创作的环境搞得乌烟瘴气。习近平指出："文艺批评就要褒优贬劣、激浊扬清，像鲁迅所说的那样，批评家要做'剜烂苹果'的工作，'把烂的剜掉，把好的留下来吃'。"① 文艺作品良莠不齐，好的坏的堆砌在一起，需要文艺批评对其进行筛选和分类，这实际上也是给予文艺创作一个

---

① 习近平：《在文艺工作座谈会上的讲话》，人民出版社 2015 年版，第 29 页。

公正明朗的发展环境，让质量好、思想积极、价值观正、艺术价值卓越的文艺作品得到追捧和表扬，如果没有文艺批评去设置优劣文艺作品的"分水岭"，可能会使优秀的文艺创作者以及作品不被关注，使不好的文艺作品大行其道。

文艺批评虽说不能做到绝对的客观中立，但是它能通过对作品主题的揭示、内容的品鉴、情感的透视、思想和艺术价值的提炼等，帮助受众更为明晰和深刻地理解与鉴赏文艺作品，缩小作品与受众之间存在的创作—接受"距离差"。我们知道，有一些文艺作品，它们的主题内容和价值情感都是用比较直白的方式来言说和表现的，受众能够比较轻易地捕捉和理解到作品的表情达意。但也有一些文艺作品，在语言表达和情感流露上比较含蓄和曲折，这时受众单纯靠自己就很难理解作品内容的深层意味，更别提深入欣赏了，这时就需要专门的文艺批评家对作品进行剖析与品鉴，帮助受众进行文艺鉴赏，同时在此过程中进一步培养和提升受众的艺术鉴赏力和审美素养。

对文艺创作者来说，文艺批评也是有所帮助的。受知识素养、理论储备和实际生活感悟影响，

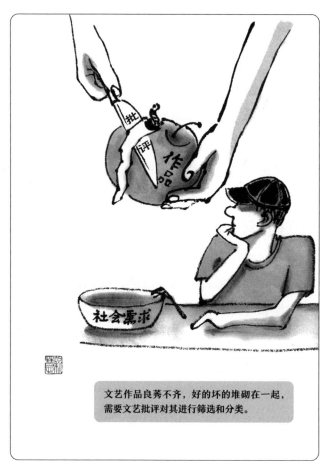

文艺作品良莠不齐，好的坏的堆砌在一起，
需要文艺批评对其进行筛选和分类。

去其糟粕

创作者很难自行察觉文艺创作中存在的问题，可以借助文艺批评发现在创作和作品中存在的思想主题有待升华的问题，从而认识自己的问题和不足，并在今后的创作中加以提高。当然，如果创作者本身的立场和价值观有偏差，在作品或者表演中运用比较隐蔽、晦涩、曲折的言说方式来表达自己与主流价值观相悖的思想主张，比如鼓吹抽象人性、虚无历史、抹黑英雄、解构崇高、娱乐至死、金钱崇拜、感官刺激、享乐主义等错误价值观，文艺批评就可以发挥批判武器的作用，暴露这些文艺作品中错误价值观和思想倾向的隐晦表达，揭发它们在艺术外衣包裹之下的真实意图，并对其进行严厉批判和坚决纠治。

毛泽东在《讲话》中指出，"文艺界的主要的斗争方法之一，是文艺批评"①。今天还需要把文艺批评作为斗争方法吗？当然需要。今天的文艺界也不是一片祥和，一团和气，意识形态和价值观领域的斗争不能说不存在于文艺领域，只能说文艺批评面对的环境和对象更为复杂，形势也更为严峻，迫

---

① 《毛泽东选集》第3卷，人民出版社1991年版，第868页。

切需要文艺批评把好文艺发展的"方向盘",更好更精准地发挥批判利器"定盘星"的作用,消除迷误,激浊扬清,拨乱反正,为文艺创作和文艺鉴赏营造一个风清气正的明朗空间。

当前还要注意的是,有文艺批评但没有真批评、存在乱批评的问题。有的文艺批评只说优点,一味表扬,缺乏批判精神,怕得罪人,不敢批判或者简单说些不痛不痒的场面话;有的文艺批评盛气凌人、上纲上线,给人随意扣帽子;有的文艺批评言之无物,缺乏思想,只见常用的话术套路,不见针砭时弊的深刻思想;等等。诸如此类的文艺批评是我们需要的吗?

批评本身不是难事,难的是真批评。文艺批评不能只讲好的方面,发现问题不说,这本身就是大问题。而发现问题没有给出客观理性的分析、作出有思想高度的评价,也是大问题。批判精神是不可或缺的,科学客观的批判精神更是非常需要的。强化科学客观的批判精神的运用,提升文艺批评的水准,对于做好当今时代的文艺工作来说,依然是需要不懈努力的地方。

2

在毛泽东看来，文艺批评是一个复杂的问题，需要许多专门研究，他只着重谈了一个他认为的基本问题，即文艺批评的标准问题。文艺批评所批评得对与否，标准是根本。如果文艺批评的标准问题搞不明白，文艺批评的力度就会大打折扣。毛泽东在《讲话》中明确指出："文艺批评有两个标准，一个是政治标准，一个是艺术标准。"[①] 对于这两个标准，他分别作出了说明："按照政治标准来说，一切利于抗日和团结的，鼓励群众同心同德的，反对倒退、促成进步的东西，便都是好的；而一切不利于抗日和团结的，鼓动群众离心离德的，反对进步、拉着人们倒退的东西，便都是坏的。"[②] "按着艺术标准来说，一切艺术性较高的，是好的，或较好的；艺术性较低的，则是坏的，或较坏的。"[③]

政治标准和艺术标准，哪一个标准更重要，即

---

① 《毛泽东选集》第 3 卷，人民出版社 1991 年版，第 868 页。

② 《毛泽东选集》第 3 卷，人民出版社 1991 年版，第 868 页。

③ 《毛泽东选集》第 3 卷，人民出版社 1991 年版，第 869 页。

谁在第一位、谁在第二位？毛泽东的观点很明确，以政治标准放在第一位、艺术标准放在第二位。文艺批评要以政治标准为第一标准，这个观点是明确的，道理就在于："有些政治上根本反动的东西，也可能有某种艺术性。内容愈反动的作品而又愈带艺术性，就愈能毒害人民，就愈应该排斥。"①

在毛泽东看来，不存在绝对不变的政治标准，也不存在绝对不变的艺术标准，政治标准和艺术标准在不同的历史阶段是不同的，是应该发生变化的，这一点值得我们强调。结合当时具体的语境，围绕团结抗日、民族解放这个最大的主题，毛泽东提出的政治标准，可以最大限度、最有效地发挥文艺批评促进革命文艺发展、激励和凝聚广大人民群众团结抗日的积极性。今天我们讲文艺的政治标准，显然已经发生了变化，但万变不离其宗，文艺批评坚持的"政治标准"，就是要求文学艺术作品顺应历史进程、能够促进而不是阻碍历史进步，能够代表人民群众的意志、服务人民群众的利益，"对于过去时代的文学艺术作品，也必须首先检查

---

① 《毛泽东选集》第3卷，人民出版社1991年版，第869页。

它们对待人民的态度如何，在历史上有无进步意义，而分别采取不同态度。"① 那种悖逆历史进步潮流、违背大多数人意志和利益的文艺，其艺术水平越高，迷惑性和破坏性就越强，必须旗帜鲜明地予以摒弃和拒斥。

讲文艺的政治标准，在今天依然有针对性。我们会看到，在市场经济条件下，越来越多低劣、庸俗、肤浅的文艺作品涌入市场，寻求享乐、物欲、暴力、感官刺激等与主流价值观相左的内容被大写特写，被资本操控的文艺评论不断为其摇旗呐喊、煽风点火。一定意义上可以说，这种现象背后是文艺批评问题上的政治标准缺位。当文艺市场的准入标准被一再放低，就会让许多唯利是图的人认为文艺创作没有标准，使文艺"被市场牵着鼻子走"，在文艺批评"无政治标准"的片面认识下，是否受市场欢迎和能否为资本青睐就成为新的标准。

文艺批评是一个重要的意识形态阵地，文艺批评必须要讲政治标准，文艺的意识形态性需要得到重视。当然，基于文艺生产和接受的特殊性，文艺

---

① 《毛泽东选集》第 3 卷，人民出版社 1991 年版，第 869 页。

批评的政治标准应该在合理的范围和限度里发挥作用，切记不能讲得过头、讲得泛滥，不能一味夸大，这样就会既破坏政治的威信力，也伤害文艺工作本身。

3

文艺批评将政治标准放在第一位，艺术标准放在第二位，不代表只要政治标准，忽视甚至摒弃艺术标准，不代表文艺创作中不重视艺术性，不重视审美。艺术标准不能放弃，是因为艺术品本身必须得讲艺术性，"缺乏艺术性的艺术品，无论政治上怎样进步，也是没有力量的。"① 毛泽东在强调政治标准时，也强调要按照艺术标准给以正确批判，在允许自由创作、自由竞争的基础上不断提升作品的艺术性。"文艺家几乎没有不以为自己的作品是美的，我们的批评，也应该容许各种各色艺术品的自由竞争；但是按照艺术科学的标准给以正确的批判，使较低级的艺术逐渐提高成为较高级的艺术，

---

① 《毛泽东选集》第3卷，人民出版社1991年版，第870页。

使不适合广大群众斗争要求的艺术改变到适合广大群众斗争要求的艺术，也是完全必要的。"①

政治标准和艺术标准两个标准各自的内涵及其关系尽管已经讲清楚了，但还是容易被诟病。有观点认为这种文艺批评标准的设置方法，片面强调文艺的政治实用功能，偏偏忘记了文艺的本性是审美，评价文艺作品只需要艺术标准就够了，没有必要再加上一个政治标准，否则就会导致文艺创作中的公式化、概念化。

理解毛泽东的《讲话》，不能脱离当时的社会背景，断章取义、一知半解，不能只是站在今时今日的现实之上对彼时的理论政策进行评价和批判。贺敬之在谈到毛泽东《讲话》的文艺批评标准时，曾经作过比较客观中肯的阐释："毛泽东同志说各阶级对文艺的批评总是把政治标准放在第一位，把艺术标准放在第二位，这基本上是合乎实际情况的。根据我的理解，这是指那些有明确的阶级意识的批评者对那些表现了社会政治内容的作品而言的。当然，这是说的文艺批评，并不是作家的创作

---

① 《毛泽东选集》第3卷，人民出版社1991年版，第869页。

方法和创作过程。在创作中,作家的政治倾向和政治目的是和艺术形象、艺术形式等等结合在统一的艺术构思中的。批评家面对的评论对象也是一个统一体,只不过是在分析时不能不看到两个侧面。而作为对作品思想内容的分析、作为对作品政治倾向性的评价,往往把政治标准放在第一位,这和不要艺术分析、贴政治标签(这种批评过去是很多的)是两回事。"①

文艺的政治标准和艺术标准是相互依存、协调发展的,在不同的情况下对其中一个标准给予更高程度的强调,是没有问题的。但对任何一方的强调,都不能打破双方良性互动的动态平衡。当对政治标准的强调过多,影响了艺术性和审美性的发挥和表达,或者对艺术审美的标准强调过多,忽视甚至无视了政治观点及其倾向的正确性,都不是真正坚持了科学的文艺批评标准。文艺批评的两种标准是可以统一起来的,不是一定会非此即彼的,不是选择一个就会否定另一个。在文艺批评领域,需要

① 《贺敬之文集(3)·文论卷(上)》,作家出版社 2005 年版,第 232 页。

不断追求政治标准和艺术标准的统一。

文艺批评不能没有方向，不能没有目标。确定文艺批评的标准，是为了获得更好的文艺作品。毛泽东强调："我们的要求则是政治和艺术的统一，内容和形式的统一，革命的政治内容和尽可能完美的艺术形式的统一。"[1] "我们既反对政治观点错误的艺术品，也反对只有正确的政治观点而没有艺术力量的所谓'标语口号式'的倾向。"[2] 文艺批评，需要坚持两大标准，需要政治的高度和思想的深度，需要高超的艺术品鉴能力，助推出现更多像毛泽东所讲的政治性和艺术性统一、内容和艺术形式相统一的文艺作品。

---

[1] 《毛泽东选集》第3卷，人民出版社1991年版，第869—870页。

[2] 《毛泽东选集》第3卷，人民出版社1991年版，第870页。

结语　追求文艺的更高境界

　　文学艺术作品琳琅满目，文学艺术工作涉及方方面面。任何谈论文艺作品、文艺工作的文献，似乎都无法涵盖所有的文艺作品，指向所有的文艺工作。当我们谈关于文艺的理论的时候，一定是有特定的所指，但只要称之为文艺，又一定具有自然而然的普遍性。

　　《讲话》所讲述的文艺，是特定时代的文艺，与我们今天时代的文艺有所不同但又有着共同的或相似的特质。这种革命文艺，这种讲人民立场、讲政治追求的文艺，放在今天来看，当然不是一般的文艺作品所能达到的，它代表的无疑是一种具有更高境界、更高水平、更高层次的文艺，是一种与时代同步、与社会同在、与历史同行的文艺。

　　毛泽东的《讲话》在这个时代的回响，我们可以用一句话把握住其核心：追求文艺的更高境界，追求更高境界的文艺。如果不从更高境界的文艺出发，我们肯定不会理解文艺的立场性、文艺的政治性，反而还会误解毛泽东对文艺的要求，受限于文艺的狭窄论域而打不开眼界和思路。一个文艺工作者，也包括哲学社会科学工作者，如果认为文艺创作或学术研究是个人的事情，不从民族国家发展乃至整个人类社会发展看自己从事的创作，他会取得文学艺术上的成就，但注定不会产出改变人类历史进程的作品。

追求文艺的更高境界，要掌握科学的方法论。《讲话》既"授人以鱼"，又"授人以渔"，不仅提供了看待文艺的具体观点，而且也留下了思考文艺工作的方法论。这种方法论在毛泽东看来就是马克思主义的方法论。想想毛泽东为什么对文艺的思考能够达到那么高的高度，能够达到当时很多人所达不到的高度，也正是他所掌握的方法论在发挥指导作用。毛泽东多次谈到马克思主义，在谈到文艺工作者应该学习什么时，他指出："文艺工作者应该学习文艺创作，这是对的，但是马克思列宁主义是一切革命者都应该学习的科学，文艺工作者不能是例外。"① 在如何学习马克思主义方面，他提出"是要我们用辩证唯物论和历史唯物论的观点去观察世界，观察社会，观察文学艺术，并不是要我们在文学艺术作品中写哲学讲义"②。在学习什么样的马克思主义时，他又说"我们说的马克思主义，是要在群众生活群众斗争里实际发生作用的活的马克思主义，不是口头上的马克思主义"③。毛泽东实际上回答了文艺工作者为什么要学习马克思主义、如何学习马克思主义、学习马克思主义要干什么的问题。

追求文艺的更高境界，要放眼引领人类社会历史的进程。马克思主义文艺理论所要求的是为人民大众服务的文艺，不是为少数人而是为绝大多数人服务的文艺。从事文艺创作，要有大格局大视野，应该具备社会的总体视角和历史的宏大视野，在顺应时代要求和历史趋势的基础上进行创作。在资本和市场逻辑企图主导文艺创作风向标的时代，从迎合经济利益、市场效益出发，追求快餐式的、无脑式的、没有深度的文艺创作，甚至追求低俗、庸

① 《毛泽东选集》第 3 卷，人民出版社 1991 年版，第 852 页。

② 《毛泽东选集》第 3 卷，人民出版社 1991 年版，第 874 页。

③ 《毛泽东选集》第 3 卷，人民出版社 1991 年版，第 858 页。

俗、媚俗等低级趣味似乎有一定理由，这样能够带来快钱，能够带来畅销品，但不能够带来长销品，不能够带来赢得口碑的好作品。在任何时代，优秀的文艺作品都不是只为"博君一笑"、为眼球效应、为经济利益而创作，而一定是寓教于乐、以文化人、引人深思、予人启发，能够紧跟现实律动、把握时代脉搏的。文艺发展的历史和现实都已证明：伟大的、能够世代流传的文艺作品，总是与时代同呼吸、与国家民族相维系、与人民共悲欢的，出于个人趣味和私利表达的文艺作品只能是一时玩味、短暂生存，最后难逃被丢弃、被遗忘的命运。

追求文艺的更高境界，还要在继承和借鉴基础上大胆创造。古今中外的文艺作品是人类智慧的结晶，如何看待、如何运用这些遗产，决定了之后时代文艺创作的步伐。毛泽东在《讲话》中不止一次谈到文艺继承和借鉴的重要性，"对于中国和外国过去时代所遗留下来的丰富的文学艺术遗产和优良的文学艺术传统，我们是要继承的"[①]，"我们必须继承一切优秀的文学艺术遗产，批判地吸收其中一

---

① 《毛泽东选集》第3卷，人民出版社1991年版，第855页。

高价出售

切有益的东西，作为我们从此时此地的人民生活中
的文学艺术原料创造作品时候的借鉴。有这个借鉴
和没有这个借鉴是不同的，这里有文野之分，粗细
之分，高低之分，快慢之分。所以我们决不可拒绝
继承和借鉴古人和外国人，哪怕是封建阶级和资产
阶级的东西。"① 继承和借鉴不是目的，而是为了创
造，毛泽东反对文学艺术中对于古人和外国人的毫
无批判的硬搬和模仿，认为这是"最没有出息的最
害人的文学教条主义和艺术教条主义"②。对于过去
时代的文艺，并不拒绝利用，但要经过改造，加进
新内容，要在继承和借鉴基础上立足于时代、实践
创造出新的作品。

显然，并不是所有的文艺作品都能达到这种境
界和高度，我们也不能要求每一部文艺作品都必须
走到多高的境界、达到多高的高度。如果走不到这
个境界、达不到这个高度，就说这个文艺作品是不
合格的，这种想法当然是简单粗暴的。但我们也不
能不去呼吁这个时代的文艺作品追求更高的境界，

① 《毛泽东选集》第3卷，人民出版社1991年版，第860页。
② 《毛泽东选集》第3卷，人民出版社1991年版，第860页。

因为只有在文艺创作中追求更高的境界，才能推动创作出助推人类社会历史进步甚至改变人类社会历史进程的传世之作。

附录 《在延安文艺座谈会上的讲话》

引言
（一九四二年五月二日）

同志们！今天邀集大家来开座谈会，目的是要和大家交换意见，研究文艺工作和一般革命工作的关系，求得革命文艺的正确发展，求得革命文艺对其他革命工作的更好的协助，借以打倒我们民族的敌人，完成民族解放的任务。

在我们为中国人民解放的斗争中，有各种的战线，就中也可以说有文武两个战线，这就是文化战线和军事战线。我们要战胜敌人，首先要依靠手里拿枪的军队。但是仅仅有这种军队是不够的，我们还要有文化的军队，这是团结自己、战胜敌人必不可少的一支军队。"五四"以来，这支文化军队就在中国形成，帮助了中国革命，使中国的封建文化和适应帝国主义侵略的买办文化的地盘逐渐缩小，其力量逐渐削弱。到了现在，中国反动派只能提出所谓"以数量对质量"的办法来和新文化对抗，就是说，反动派有的是钱，虽然拿不出好东西，但是可以拚命出得多。在"五四"以来的文化战线上，文学和艺术是一个重要的有成绩的部门。革命的文学艺术运动，在十年内战时期有了大的发展。这个运动和当时的革命战争，在总的方向上是一致的，但在实际工作上却没有互相结合起来，这是因为当时的反动派把这两支兄弟军队从中隔断了的缘故。抗日战争爆发以后，革命的文艺工作者来到延安和各个抗日根据地的多起来了，这是很好的事。但是到了根据地，并不是说就已经和根据地的人民群众完全结合了。我们要把革命工作向前推进，就要使这两者完全结合起来。我们今天开会，就是要使文艺很好地成为整个革命机器的一个组成部分，作为团结人民、教育人民、打击敌人、消灭敌人的有力的武器，帮助人民同心同德地和敌人作斗争。为了这个目的，有些什么问题应该解决的呢？我以为有这样一些问题，即文艺工作者的立场问题，态度问题，工作对象问题，工作问题和学习问题。

立场问题。我们是站在无产阶级的和人民大众的立场。对于共产党员来说，也就是要站在党的立场，站在党性和党的政策的立场。在这个问题上，我们的文艺工作者中是否还有认识不正确或者认识不明确的呢？我看是有的。许多同志常常失掉了自己的正确的立场。

态度问题。随着立场，就发生我们对于各种具体事物所采取的具体态度。比如说，歌颂呢，还是暴露呢？这就是态度问题。究竟哪种态度是我们需要的？我说两种都需要，问题是在对什么人。有三种人，一种是敌人，一种是统一战线中的同盟者，一种是自己人，这第三种人就是人民群众及其先锋队。对于这三种人需要有三种态度。对于敌人，对于日本帝国主义和一切人民的敌人，革命文艺工作者的任务是在暴露他们的残暴和欺骗，并指出他们必然要失败的趋势，鼓励抗日军民同心同德，坚决地打倒他们。对于统一战线中各种不同的同盟者，我们的态度应该是有联合，有批评，有各种不同的联合，有各种不同的批评。他们的抗战，我们是赞成的；如果有成绩，我们也是赞扬的。但是如果抗战不积极，我们就应该批评。如果有人要反共反人民，要一天一天走上反动的道路，那我们就要坚决反对。至于对人民群众，对人民的劳动和斗争，对人民的军队，人民的政党，我们当然应该赞扬。人民也有缺点的。无产阶级中还有许多人保留着小资产阶级的思想，农民和城市小资产阶级都有落后的思想，这些就是他们在斗争中的负担。我们应该长期地耐心地教育他们，帮助他们摆脱背上的包袱，同自己的缺点错误作斗争，使他们能够大踏步地前进。他们在斗争中已经改造或正在改造自己，我们的文艺应该描写他们的这个改造过程。只要不是坚持错误的人，我们就不应该只看到片面就去错误地讥笑他们，甚至敌视他们。我们所写的东西，应该是使他们团结，使他们进步，使他们同心同德，向前奋斗，去掉落后的东西，发扬革命的东西，而决不是相反。

工作对象问题，就是文艺作品给谁看的问题。在陕甘宁边区，在华北华中各抗日根据地，这个问题和在国民党统治区不同，和在抗战以前的上海更不同。在上海时期，革命文艺作品的接受者是以一部分学生、职员、店员为主。在抗战以后的国民党统治区，范围曾有过一些扩大，但基本上也还是以这些人为主，因为那里的政府把工农兵和革命文艺互相隔绝了。在我们的根据地就完全不同。文艺作品在根据地的接受者，是工农兵以及革命的干部。根据地也有学生，但这些学生和旧式学生也不相同，他们不是过去的干部，就是未来的干部。各种干部，部队的战士，工厂的工人，农村的农民，他们识了字，就要看书、看报，不识字的，也要看戏、看画、唱歌、听音乐，他们就是我们文艺作品的接受者。即拿干部说，你们不要以为这部分人数目少，这比在国民党统治区出一本书的读者多得多。在那里，一本书一版平常只有两千册，三版也才六千册；但是根据地的干部，单是在延安能看书的就有一万多。而且这些干部许多都是久经锻炼的革命家，他们是从全国各地来的，他们也要到各地去工作，所以对于这些人做教育工作，是有重大意义的。我们的文艺工作者，应该向他们好好做工作。

　　既然文艺工作的对象是工农兵及其干部，就发生一个了解他们熟悉他们的问题。而为要了解他们，熟悉他们，为要在党政机关，在农村，在工厂，在八路军新四军里面，了解各种人，熟悉各种人，了解各种事情，熟悉各种事情，就需要做很多的工作。我们的文艺工作者需要做自己的文艺工作，但是这个了解人熟悉人的工作却是第一位的工作。我们的文艺工作者对于这些，以前是一种什么情形呢？我说以前是不熟，不懂，英雄无用武之地。什么是不熟？人不熟。文艺工作者同自己的描写对象和作品接受者不熟，或者简直生疏得很。我们的文艺工作者不熟悉工人，不熟悉农民，不熟悉士兵，也不熟悉他们的干部。什么是不懂？语言不懂，就是说，对于人民群众的丰富的生动的语言，缺乏充分的知识。许多文艺工作者由于自己脱离群众、生活空虚，当然也就不熟悉人民的语言，因此他们的作品不但显得语言无味，而且里面常常夹着一些生造出来的和人民的语言相对立的不三不四的词句。许多同志爱说"大众化"，但是什么叫做大众化呢？就是我们的文艺工作者的思想感情和工农兵大众的思想感情打成一片。而要打成一片，就应当认真学习群众的语言。如果连群众的语言都有许多不懂，还讲什么文艺创造呢？英雄无用武之地，就是说，你的一套大道理，群众不赏识。在群众面前把你的资格摆得越老，越像个"英雄"，越要出卖这一套，群众就越不买你的账。你要群众了解你，你要和群众打成一片，就得下决心，经过长期的甚至是痛苦的磨练。在这里，我可以说一说我自己感情变化的经验。我是个学生出身的人，在学校养成了一种学生习惯，在一大群肩不能挑手不能提的学生面前做一点劳动的事，比如自己挑行李吧，也觉得不像样子。那时，我觉得世界上干净的人只有知识分子，工人农民总是比较脏的。知识分子的衣服，别人的我可以穿，以为是干净的；工人农民的衣服，我就不愿意穿，以为是脏的。革命了，同工人农民和革命军的战士在一起了，我逐渐熟悉他们，他们也逐渐熟悉了我。这时，只是在这时，我才根本地改变了资产阶级学校所教给我的那种资产阶级的和小资产阶级的感情。这时，拿未曾改造的知识分子和工人农民比较，就觉得知识分子不干净了，最干净的还是工人农民，尽管他们手是黑的，脚上有牛屎，还是比资产阶级和小资产阶级知识分子都干净。这就叫做感情起了变化，由一个阶级变到另一个阶级。我们知识分子出身的文艺工作者，要使自己的作品为群众所欢迎，就得把自己的思想感情来一个变化，来一番改造。没有这个变化，没有这个改造，什么事情都是做不好的，都是格格不入的。

最后一个问题是学习，我的意思是说学习马克思列宁主义和学习社会。一个自命为马克思主义的革命作家，尤其是党员作家，必须有马克思列宁主义的知识。但是现在有些同志，却缺少马克思主义的基本观点。比如说，马克思主义的一个基本观点，就是存在决定意识，就是阶级斗争和民族斗争的客观现实决定我们的思想感情。但是我们有些同志却把这个问题弄颠倒了，说什么一切应该从"爱"出发。就说爱吧，在阶级社会里，也只有阶级的爱，但是这些同志却要追求什么超阶级的爱，抽象的爱，以及抽象的自由、抽象的真理、抽象的人性等等。这是表明这些同志是受了资产阶级的很深的影响。应该很彻底地清算这种影响，很虚心地学习马克思列宁主义。文艺工作者应该学习文艺创作，这是对的，但是马克思列宁主义是一切革命者都应该学习的科学，文艺工作者不能是例外。文艺工作者要学习社会，这就是说，要研究社会上的各个阶级，研究它们的相互关系和各自状况，研究它们的面貌和它们的心理。只有把这些弄清楚了，我们的文艺才能有丰富的内容和正确的方向。

今天我就只提出这几个问题，当作引子，希望大家在这些问题及其他有关的问题上发表意见。

结论

（一九四二年五月二十三日）

同志们！我们这个会在一个月里开了三次。大家为了追求真理，进行了热烈的争论，有党的和非党的同志几十个人讲了话，把问题展开了，并且具体化了。我认为这是对整个文学艺术运动很有益处的。

我们讨论问题，应当从实际出发，不是从定义出发。如果我们按照教科书，找到什么是文学、什么是艺术的定义，然后按照它们来规定今天文艺运动的方针，来评判今天所发生的各种见解和争论，这种方法是不正确的。我们是马克思主义者，马克思主义叫我们看问题不要从抽象的定义出发，而要从客观存在的事实出发，从分析这些事实中找出方针、政策、办法来。我们现在讨论文艺工作，也应该这样做。

现在的事实是什么呢？事实就是：中国的已经进行了五年的抗日战争；全世界的反法西斯战争；中国大地主大资产阶级在抗日战争中的动摇和对于人民的高压政策；"五四"以来的革命文艺运动——这个运动在二十三年中对于革命的伟大贡献以及它的许多缺点；八路军新四军的抗日民主根据地，在这些根据地里面大批文艺工作者和八路军新四军以及工人农民的结合；根据地的文艺工作者和国民党统治区的文艺工作者的环境和任务的区别；目前在延安和各抗日根据地的文艺工作中已经发生的争论问题。——这些就是实际存在的不可否认的事实，我们就要在这些事实的基础上考虑我们的问题。

那末，什么是我们的问题的中心呢？我以为，我们的问题基本上是一个为群众的问题和一个如何为群众的问题。不解决这两个问题，或这两个问题解决得不适当，就会使得我们的文艺工作者和自己的环境、任务不协调，就使得我们的文艺工作者从外部从内部碰到一连串的问题。我的结论，就以这两个问题为中心，同时也讲到一些与此有关的其他问题。

一

第一个问题：我们的文艺是为什么人的？

这个问题，本来是马克思主义者特别是列宁所早已解决了的。列宁还在一九〇五年就已着重指出过，我们的文艺应当"为千千万万劳动人民服务"。在我们各个抗日根据地从事文学艺术工作的同志中，这个问题似乎是已经解决了，不需要再讲的了。其实不然。很多同志对这个问题并没有得到明确的解决。因此，在他们的情绪中，在他们的作品中，在他们的行动中，在他们对于文艺方针问题的意见中，就不免或多或少地发生和群众的需要不相符合，和实际斗争的需要不相符合的情形。当然，现在和共产党、八路军、新四军在一起从事于伟大解放斗争的大批的文化人、文学家、艺术家以及一般文艺工作者，虽然其中也可能有些人是暂时的投机分子，但是绝大多数却都是在为着共同事业努力工作着。依靠这些同志，我们的整个文学工作，戏剧工作，音乐工作，美术工作，都有了很大的成绩。这些文艺工作者，有许多是抗战以后开始工作的；有许多在抗战以前就做了多时的革命工作，经历过许多辛苦，并用他们的工作和作品影响了广大群众的。但是为什么还说即使这些同志中也有对于文艺是为什么人的问题没有明确解决的呢？难道他们还有主张革命文艺不是为着人民大众而是为着剥削者压迫者的吗？

诚然，为着剥削者压迫者的文艺是有的。文艺是为地主阶级的，这是封建主义的文艺。中国封建时代统治阶级的文学艺术，就是这种东西。直到今天，这种文艺在中国还有颇大的势力。文艺是为资产阶级的，这是资产阶级的文艺。像鲁迅所批评的梁实秋一类人，他们虽然在口头上提出什么文艺是超阶级的，但是他们在实际上是主张资产阶级的文艺，反对无产阶级的文艺的。文艺是为帝国主义者的，周作人、张资平这批人就是这样，这叫做汉奸文艺。在我们，文艺不是为上述种种人，而是为人民的。我们曾说，现阶段的中国新文化，是无产阶级领导的人民大众的反帝反封建的文化。真正人民大众的东西，现在一定是无产阶级领导的。资产阶级领导的东西，不可能属于人民大众。新文化中的新文学新艺术，自然也是这样。对于中国和外国过去时代所遗留下来的丰富的文学艺术遗产和优良的文学艺术传统，我们是要继承的，但是目的仍然是为了人民大众。对于过去时代的文艺形式，我们也并不拒绝利用，但这些旧形式到了我们手里，给了改造，加进了新内容，也就变成革命的为人民服务的东西了。

那末，什么是人民大众呢？最广大的人民，占全人口百分之九十以上的人民，是工人、农民、兵士和城市小资产阶级。所以我们的文艺，第一是为工人的，这是领导革命的阶级。第二是为农民的，他们是革命中最广大最坚决的同盟军。第三是为武装起来了的工人农民即八路军、新四军和其他人民武装队伍的，这是革命战争的主力。第四是为城市小资产阶级劳动群众和知识分子的，他们也是革命的同盟者，他们是能够长期地和我们合作的。这四种人，就是中华民族的最大部分，就是最广大的人民大众。

我们的文艺，应该为着上面说的四种人。我们要为这四种人服务，就必须站在无产阶级的立场上，而不能站在小资产阶级的立场上。在今天，坚持个人主义的小资产阶级立场的作家是不可能真正地为革命的工农兵群众服务的，他们的兴趣，主要是放在少数小资产阶级知识分子上面。而我们现在有一部分同志对于文艺为什么人的问题不能正确解决的关键，正在这里。我这样说，不是说在理论上。在理论上，或者说在口头上，我们队伍中没有一个人把工农兵群众看得比小资产阶级知识分子还不重要的。我是说在实际上，在行动上。在实际上，在行动上，他们是否对小资产阶级知识分子比对工农兵还更看得重要些呢？我以为是这样。有许多同志比较地注重研究小资产阶级知识分子，分析他们的心理，着重地去表现他们，原谅并辩护他们的缺点，而不是引导他们和自己一道去接近工农兵群众，去参加工农兵群众的实际斗争，去表现工农兵群众，去教育工农兵群众。有许多同志，因为他们自己是从小资产阶级出身，自己是知识分子，于是就只在知识分子的队伍中找朋友，把自己的注意力放在研究和描写知识分子上面。这种研究和描写如果是站在无产阶级立场上的，那是应该的。但他们并不是，或者不完全是。他们是站在小资产阶级立场，他们是把自己的作品当作小资产阶级的自我表现来创作的，我们在相当多的文学艺术作品中看见这种东西。

他们在许多时候，对于小资产阶级出身的知识分子寄予满腔的同情，连他们的缺点也给以同情甚至鼓吹。对于工农兵群众，则缺乏接近，缺乏了解，缺乏研究，缺乏知心朋友，不善于描写他们；倘若描写，也是衣服是劳动人民，面孔却是小资产阶级知识分子。他们在某些方面也爱工农兵，也爱工农兵出身的干部，但有些时候不爱，有些地方不爱，不爱他们的感情，不爱他们的姿态，不爱他们的萌芽状态的文艺（墙报、壁画、民歌、民间故事等）。他们有时也爱这些东西，那是为着猎奇，为着装饰自己的作品，甚至是为着追求其中落后的东西而爱的。有时就公开地鄙弃它们，而偏爱小资产阶级知识分子的乃至资产阶级的东西。这些同志的立足点还是在小资产阶级知识分子方面，或者换句文雅的话说，他们的灵魂深处还是一个小资产阶级知识分子的王国。这样，为什么人的问题他们就还是没有解决，或者没有明确地解决。这不光是讲初来延安不久的人，就是到过前方，在根据地、八路军、新四军做过几年工作的人，也有许多是没有彻底解决的。要彻底地解决这个问题，非有十年八年的长时间不可。但是时间无论怎样长，我们却必须解决它，必须明确地彻底地解决它。我们的文艺工作者一定要完成这个任务，一定要把立足点移过来，一定要在深入工农兵群众、深入实际斗争的过程中，在学习马克思主义和学习社会的过程中，逐渐地移过来，移到工农兵这方面来，移到无产阶级这方面来。只有这样，我们才能有真正为工农兵的文艺，真正无产阶级的文艺。

为什么人的问题，是一个根本的问题，原则的问题。过去有些同志间的争论、分歧、对立和不团结，并不是在这个根本的原则的问题上，而是在一些比较次要的甚至是无原则的问题上。而对于这个原则问题，争论的双方倒是没有什么分歧，倒是几乎一致的，都有某种程度的轻视工农兵、脱离群众的倾向。我说某种程度，因为一般地说，这些同志的轻视工农兵、脱离群众，和国民党的轻视工农兵、脱离群众，是不同的；但是无论如何，这个倾向是有的。这个根本问题不解决，其他许多问题也就不易解决。比如说文艺界的宗派主义吧，这也是原则问题，但是要去掉宗派主义，也只有把为工农，为八路军、新四军，到群众中去的口号提出来，并加以切实的实行，才能达到目的，否则宗派主义问题是断然不能解决的。鲁迅曾说："联合战线是以有共同目的为必要条件的。……我们战线不能统一，就证明我们的目的不能一致，或者只为了小团体，或者还其实只为了个人。如果目的都在工农大众，那当然战线也就统一了。"这个问题那时上海有，现在重庆也有。在那些地方，这个问题很难彻底解决，因为那些地方的统治者压迫革命文艺家，不让他们有到工农兵群众中去的自由。在我们这里，情形就完全两样。我们鼓励革命文艺家积极地亲近工农兵，给他们以到群众中去的完全自由，给他们以创作真正革命文艺的完全自由。所以这个问题在我们这里，是接近于解决的了。接近于解决不等于完全的彻底的解决；我们说要学习马克思主义和学习社会，就是为着完全地彻底地解决这个问题。我们说的马克思主义，是要在群众生活群众斗争里实际发生作用的活的马克思主义，不是口头上的马克思主义。把口头上的马克思主义变成为实际生活里的马克思主义，就不会有宗派主义了。不但宗派主义的问题可以解决，其他的许多问题也都可以解决了。

二

为什么人服务的问题解决了，接着的问题就是如何去服务。用同志们的话来说，就是：努力于提高呢，还是努力于普及呢？

有些同志，在过去，是相当地或是严重地轻视了和忽视了普及，他们不适当地太强调了提高。提高是应该强调的，但是片面地孤立地强调提高，强调到不适当的程度，那就错了。我在前面说的没有明确地解决为什么人的问题的事实，在这一点上也表现出来了。

并且，因为没有弄清楚为什么人，他们所说的普及和提高就都没有正确的标准，当然更找不到两者的正确关系。我们的文艺，既然基本上是为工农兵，那末所谓普及，也就是向工农兵普及，所谓提高，也就是从工农兵提高。用什么东西向他们普及呢？用封建地主阶级所需要、所便于接受的东西吗？用资产阶级所需要、所便于接受的东西吗？用小资产阶级知识分子所需要、所便于接受的东西吗？都不行，只有用工农兵自己所需要、所便于接受的东西。因此在教育工农兵的任务之前，就先有一个学习工农兵的任务。提高的问题更是如此。提高要有一个基础。比如一桶水，不是从地上去提高，难道是从空中去提高吗？那末所谓文艺的提高，是从什么基础上去提高呢？从封建阶级的基础吗？从资产阶级的基础吗？从小资产阶级知识分子的基础吗？都不是，只能是从工农兵群众的基础上去提高。也不是把工农兵提到封建阶级、资产阶级、小资产阶级知识分子的"高度"去，而是沿着工农兵自己前进的方向去提高，沿着无产阶级前进的方向去提高。而这里也就提出了学习工农兵的任务。只有从工农兵出发，我们对于普及和提高才能有正确的了解，也才能找到普及和提高的正确关系。

一切种类的文学艺术的源泉究竟是从何而来的呢？作为观念形态的文艺作品，都是一定的社会生活在人类头脑中的反映的产物。革命的文艺，则是人民生活在革命作家头脑中的反映的产物。人民生活中本来存在着文学艺术原料的矿藏，这是自然形态的东西，是粗糙的东西，但也是最生动、最丰富、最基本的东西；在这点上说，它们使一切文学艺术相形见绌，它们是一切文学艺术的取之不尽、用之不竭的唯一的源泉。这是唯一的源泉，因为只能有这样的源泉，此外不能有第二个源泉。有人说，书本上的文艺作品，古代的和外国的文艺作品，不也是源泉吗？实际上，过去的文艺作品不是源而是流，是古人和外国人根据他们彼时彼地所得到的人民生活中的文学艺术原料创造出来的东西。我们必须继承一切优秀的文学艺术遗产，批判地吸收其中一切有益的东西，作为我们从此时此地的人民生活中的文学艺术原料创造作品时候的借鉴。有这个借鉴和没有这个借鉴是不同的，这里有文野之分，粗细之分，高低之分，快慢之分。所以我们决不可拒绝继承和借鉴古人和外国人，哪怕是封建阶级和资产阶级的东西。但是继承和借鉴决不可以变成替代自己的创造，这是决不能替代的。文学艺术中对于古人和外国人的毫无批判的硬搬和模仿，乃是最没有出息的最害人的文学教条主义和艺术教条主义。中国的革命的文学家艺术家，有出息的文学家艺术家，必须到群众中去，必须长期地无条件地全心全意地到工农兵群众中去，到火热的斗争中去，到唯一的最广大最丰富的源泉中去，观察、体验、研究、分析一切人，一切阶级，一切群众，一切生动的生活形式和斗争形式，一切文学和艺术的原始材料，然后才有可能进入创作过程。否则你的劳动就没有对象，你就只能做鲁迅在他的遗嘱里所谆谆嘱咐他的儿子万不可做的那种空头文学家，或空头艺术家。

人类的社会生活虽是文学艺术的唯一源泉，虽是较之后者有不可比拟的生动丰富的内容，但是人民还是不满足于前者而要求后者。这是为什么呢？因为虽然两者都是美，但是文艺作品中反映出来的生活却可以而且应该比普通的实际生活更高，更强烈，更有集中性，更典型，更理想，因此就更带普遍性。革命的文艺，应当根据实际生活创造出各种各样的人物来，帮助群众推动历史的前进。例如一方面是人们受饿、受冻、受压迫，一方面是人剥削人、人压迫人，这个事实到处存在着，人们也看得很平淡；文艺就把这种日常的现象集中起来，把其中的矛盾和斗争典型化，造成文学作品或艺术作品，就能使人民群众惊醒起来，感奋起来，推动人民群众走向团结和斗争，实行改造自己的环境。如果没有这样的文艺，那末这个任务就不能完成，或者不能有力地迅速地完成。

什么是文艺工作中的普及和提高呢？这两种任务

的关系是怎样的呢？普及的东西比较简单浅显，因此也比较容易为目前广大人民群众所迅速接受。高级的作品比较细致，因此也比较难于生产，并且往往比较难于在目前广大人民群众中迅速流传。现在工农兵面前的问题，是他们正在和敌人作残酷的流血斗争，而他们由于长时期的封建阶级和资产阶级的统治，不识字，无文化，所以他们迫切要求一个普遍的启蒙运动，迫切要求得到他们所急需的和容易接受的文化知识和文艺作品，去提高他们的斗争热情和胜利信心，加强他们的团结，便于他们同心同德地去和敌人作斗争。对于他们，第一步需要还不是"锦上添花"，而是"雪中送炭"。所以在目前条件下，普及工作的任务更为迫切。轻视和忽视普及工作的态度是错误的。

但是，普及工作和提高工作是不能截然分开的。不但一部分优秀的作品现在也有普及的可能，而且广大群众的文化水平也是在不断地提高着。普及工作若是永远停止在一个水平上，一月两月三月，一年两年三年，总是一样的货色，一样的"小放牛"，一样的"人、手、口、刀、牛、羊"，那末，教育者和被教育者岂不都是半斤八两？这种普及工作还有什么意义呢？人民要求普及，跟着也就要求提高，要求逐年逐月地提高。在这里，普及是人民的普及，提高也是人民的提高。而这种提高，不是从空中提高，不是关门提高，而是在普及基础上的提高。这种提高，为普及所决定，同时又给普及以指导。就中国范围来说，革命和革命文化的发展不是平衡的，而是逐渐推广的。一处普及了，并且在普及的基础上提高了，别处还没有开始普及。因此一处由普及而提高的好经验可以应用于别处，使别处的普及工作和提高工作得到指导，少走许多弯路。就国际范围来说，外国的好经验，尤其是苏联的经验，也有指导我们的作用。所以，我们的提高，是在普及基础上的提高；我们的普及，是在提高指导下的普及。正因为这样，我们所说的普及工作不但不是妨碍提高，而且是给目前的范围有限的提高工作以基础，也是给将来的范围大为广阔的提高工作准备必要的条件。

除了直接为群众所需要的提高以外，还有一种间接为群众所需要的提高，这就是干部所需要的提高。干部是群众中的先进分子，他们所受的教育一般都比群众所受的多些；比较高级的文学艺术，对于他们是完全必要的，忽视这一点是错误的。为干部，也完全是为群众，因为只有经过干部才能去教育群众、指导群众。如果违背了这个目的，如果我们给予干部的并不能帮助干部去教育群众、指导群众，那末，我们的提高工作就是无的放矢，就是离开了为人民大众的根本原则。

　　总起来说，人民生活中的文学艺术的原料，经过革命作家的创造性的劳动而形成观念形态上的为人民大众的文学艺术。在这中间，既有从初级的文艺基础上发展起来的、为被提高了的群众所需要、或首先为群众中的干部所需要的高级的文艺，又有反转来在这种高级的文艺指导之下的、往往为今日最广大群众所最先需要的初级的文艺。无论高级的或初级的，我们的文学艺术都是为人民大众的，首先是为工农兵的，为工农兵而创作，为工农兵所利用的。

　　我们既然解决了提高和普及的关系问题，则专门家和普及工作者的关系问题也就可以随着解决了。我们的专门家不但是为了干部，主要地还是为了群众。我们的文学专门家应该注意群众的墙报，注意军队和农村中的通讯文学。我们的戏剧专门家应该注意军队和农村中的小剧团。我们的音乐专门家应该注意群众的歌唱。我们的美术专门家应该注意群众的美术。一切这些同志都应该和在群众中做文艺普及工作的同志们发生密切的联系，一方面帮助他们，指导他们，一方面又向他们学习，从他们吸收由群众中来的养料，把自己充实起来，丰富起来，使自己的专门不致成为脱离群众、脱离实际、毫无内容、毫无生气的空中楼阁。我们应该尊重专门家，专门家对于我们的事业是很可宝贵的。但是我们应该告诉他们说，一切革命的文学家艺术家只有联系群众，表现群众，把自己当作群众的忠实的代言人，他们的工作才有意义。只有代表群众才能教育群众，只有做群众的学生才能做群众的先生。如果把自己看作群众的主人，看作高踞于"下等人"头上的贵族，那末，不管他们有多大的才能，也是群众所不需要的，他们的工作是没有前途的。

我们的这种态度是不是功利主义的？唯物主义者并不一般地反对功利主义，但是反对封建阶级的、资产阶级的、小资产阶级的功利主义，反对那种口头上反对功利主义、实际上抱着最自私最短视的功利主义的伪善者。世界上没有什么超功利主义，在阶级社会里，不是这一阶级的功利主义，就是那一阶级的功利主义。我们是无产阶级的革命的功利主义者，我们是以占全人口百分之九十以上的最广大群众的目前利益和将来利益的统一为出发点的，所以我们是以最广和最远为目标的革命的功利主义者，而不是只看到局部和目前的狭隘的功利主义者。例如，某种作品，只为少数人所偏爱，而为多数人所不需要，甚至对多数人有害，硬要拿来上市，拿来向群众宣传，以求其个人的或狭隘集团的功利，还要责备群众的功利主义，这就不但侮辱群众，也太无自知之明了。任何一种东西，必须能使人民群众得到真实的利益，才是好的东西。就算你的是"阳春白雪"吧，这暂时既然是少数人享用的东西，群众还是在那里唱"下里巴人"，那末，你不去提高它，只顾骂人，那就怎样骂也是空的。现在是"阳春白雪"和"下里巴人"统一的问题，是提高和普及统一的问题。不统一，任何专门家的最高级的艺术也不免成为最狭隘的功利主义；要说这也是清高，那只是自封为清高，群众是不会批准的。

在为工农兵和怎样为工农兵的基本方针问题解决之后，其他的问题，例如，写光明和写黑暗的问题，团结问题等，便都一齐解决了。如果大家同意这个基本方针，则我们的文学艺术工作者，我们的文学艺术学校，文学艺术刊物，文学艺术团体和一切文学艺术活动，就应该依照这个方针去做。离开这个方针就是错误的；和这个方针有些不相符合的，就须加以适当的修正。

三

我们的文艺既然是为人民大众的，那末，我们就可以进而讨论一个党内关系问题，党的文艺工作和党的整个工作的关系问题，和另一个党外关系的问题，党的文艺工作和非党的文艺工作的关系问题——文艺界统一战线问题。

先说第一个问题。在现在世界上，一切文化或文学艺术都是属于一定的阶级，属于一定的政治路线的。

为艺术的艺术，超阶级的艺术，和政治并行或互相独立的艺术，实际上是不存在的。无产阶级的文学艺术是无产阶级整个革命事业的一部分，如同列宁所说，是整个革命机器中的"齿轮和螺丝钉"。因此，党的文艺工作，在党的整个革命工作中的位置，是确定了的，摆好了的；是服从党在一定革命时期内所规定的革命任务的。反对这种摆法，一定要走到二元论或多元论，而其实质就像托洛茨基那样："政治——马克思主义的；艺术——资产阶级的。"我们不赞成把文艺的重要性过分强调到错误的程度，但也不赞成把文艺的重要性估计不足。文艺是从属于政治的，但又反转来给予伟大的影响于政治。革命文艺是整个革命事业的一部分，是齿轮和螺丝钉，和别的更重要的部分比较起来，自然有轻重缓急第一第二之分，但它是对于整个机器不可缺少的齿轮和螺丝钉，对于整个革命事业不可缺少的一部分。如果连最广义最普通的文学艺术也没有，那革命运动就不能进行，就不能胜利。不认识这一点，是不对的。还有，我们所说的文艺服从于政治，这政治是指阶级的政治、群众的政治，不是所谓少数政治家的政治。政治，不论革命的和反革命的，都是阶级对阶级的斗争，不是少数个人的行为。革命的思想斗争和艺术斗争，必须服从于政治的斗争，因为只有经过政治，阶级和群众的需要才能集中地表现出来。革命的政治家们，懂得革命的政治科学或政治艺术的政治专门家们，他们只是千千万万的群众政治家的领袖，他们的任务在于把群众政治家的意见集中起来，加以提炼，再使之回到群众中去，为群众所接受，所实践，而不是闭门造车，自作聪明，只此一家，别无分店的那种贵族式的所谓"政治家"，——这是无产阶级政治家同腐朽了的资产阶级政治家的原则区别。正因为这样，我们的文艺的政治性和真实性才能够完全一致。不认识这一点，把无产阶级的政治和政治家庸俗化，是不对的。

再说文艺界的统一战线问题。文艺服从于政治，今天中国政治的第一个根本问题是抗日，因此党的文艺工作者首先应该在抗日这一点上和党外的一切文学家艺术家（从党的同情分子、小资产阶级的文艺家到一切赞成抗日的资产阶级地主阶级的文艺家）团结起来。其次，应该在民主一点上团结起来；在这一点上，有一部分抗日的文艺家就不赞成，因此团结的范围就不免要小一些。再其次，应该在文艺界的特殊问题——艺术方法艺术作风一点上团结起来；我们是主张社会主义的现实主义的，又有一部分人不赞成，这个团结的范围会更小些。在一个问题上有团结，在另一个问题上就有斗争，有批评。各个问题是彼此分开而又联系着的，因而就在产生团结的问题比如抗日的问题上也同时有斗争，有批评。在一个统一战线里面，只有团结而无斗争，或者只有斗争而无团结，实行如过去某些同志所实行过的右倾的投降主义、尾巴主义，或者"左"倾的排外主义、宗派主义，都是错误的政策。政治上如此，艺术上也是如此。

在文艺界统一战线的各种力量里面，小资产阶级文艺家在中国是一个重要的力量。他们的思想和作品都有很多缺点，但是他们比较地倾向于革命，比较地接近于劳动人民。因此，帮助他们克服缺点，争取他们到为劳动人民服务的战线上来，是一个特别重要的任务。

四

文艺界的主要的斗争方法之一，是文艺批评。文艺批评应该发展，过去在这方面工作做得很不够，同志们指出这一点是对的。文艺批评是一个复杂的问题，需要许多专门的研究。我这里只着重谈一个基本的批评标准问题。此外，对于有些同志所提出的一些个别的问题和一些不正确的观点，也来略为说一说我的意见。

文艺批评有两个标准，一个是政治标准，一个是艺术标准。按照政治标准来说，一切利于抗日和团结的，鼓励群众同心同德的，反对倒退、促成进步的东西，便都是好的；而一切不利于抗日和团结的，鼓动群众离心离德的，反对进步、拉着人们倒退的东西，便都是坏的。这里所说的好坏，究竟是看动机（主观愿望），还是看效果（社会实践）呢？唯心论者是强调动机否认效果的，机械唯物论者是强调效果否认动机的，我们和这两者相反，我们是辩证唯物主义的动机和效果的统一论者。为大众的动机和被大众欢迎的效果，是分不开的，必须使二者统一起来。为个人的和狭隘集团的动机是不好的，有为大众的动机但无被大众欢迎、对大众有益的效果，也是不好的。检验一个作家的主观愿望即其动机是否正确，是否善良，不是看他的宣言，而是看他的行为（主要是作品）在社会大众中产生的效果。社会实践及其效果是检验主观愿望或动机的标准。我们的文艺批评是不要宗派主义的，在团结抗日的大原则下，我们应该容许包含各种各色政治态度的文艺作品的存在。但是我们的批评又是坚持原则立场的，对于一切包含反民族、反科学、反大众和反共的观点的文艺作品必须给以严格的批判和驳斥；因为这些所谓文艺，其动机，其效果，都是破坏团结抗日的。按着艺术标准来说，一切艺术性较高的，是好的，或较好的；艺术性较低的，则是坏的，或较坏的。这种分别，当然也要看社会效果。文艺家几乎没有不以为自己的作品是美的，我们的批评，也应该容许各种各色艺术品的自由竞争；但是按照艺术科学的标准给以正确的批判，使较低级的艺术逐渐提高成为较高级的艺术，使不适合广大群众斗争要求的艺术改变到适合广大群众斗争要求的艺术，也是完全必要的。

又是政治标准，又是艺术标准，这两者的关系怎么样呢？政治并不等于艺术，一般的宇宙观也并不等于艺术创作和艺术批评的方法。我们不但否认抽象的绝对不变的政治标准，也否认抽象的绝对不变的艺术标准，各个阶级社会中的各个阶级都有不同的政治标准和不同的艺术标准。但是任何阶级社会中的任何阶级，总是以政治标准放在第一位，以艺术标准放在第二位的。资产阶级对于无产阶级的文学艺术作品，不管其艺术成就怎样高，总是排斥的。无产阶级对于过去时代的文学艺术作品，也必须首先检查它们对待人民的态度如何，在历史上有无进步意义，而分别采取不同态度。有些政治上根本反动的东西，也可能有某种艺术性。内容愈反动的作品而又愈带艺术性，就愈能毒害人民，就愈应该排斥。处于没落时期的一切剥削阶级的文艺的共同特点，就是其反动的政治内容和其艺术的形式之间所存在的矛盾。我们的要求则是政治和艺术的统一，内容和形式的统一，革命的政治内容和尽可能完美的艺术形式的统一。缺乏艺术性的艺术品，无论政治上怎样进步，也是没有力量的。因此，我们既反对政治观点错误的艺术品，也反对只有正确的政治观点而没有艺术力量的所谓"标语口号式"的倾向。我们应该进行文艺问题上的两条战线斗争。

这两种倾向，在我们的许多同志的思想中是存在着的。许多同志有忽视艺术的倾向，因此应该注意艺术的提高。但是现在更成为问题的，我以为还是在政治方面。有些同志缺乏基本的政治常识，所以发生了各种糊涂观念。让我举一些延安的例子。

"人性论"。有没有人性这种东西？当然有的。但是只有具体的人性，没有抽象的人性。在阶级社会里就是只有带着阶级性的人性，而没有什么超阶级的人性。我们主张无产阶级的人性，人民大众的人性，而地主阶级资产阶级则主张地主阶级资产阶级的人性，不过他们口头上不这样说，却说成为唯一的人性。有些小资产阶级知识分子所鼓吹的人性，也是脱离人民大众或者反对人民大众的，他们的所谓人性实质上不过是资产阶级的个人主义，因此在他们眼中，无产阶级的人性就不合于人性。现在延安有些人们所主张的作为所谓文艺理论基础的"人性论"，就是这样讲，这是完全错误的。

"文艺的基本出发点是爱，是人类之爱。"爱可以是出发点，但是还有一个基本出发点。爱是观念的东西，是客观实践的产物。我们根本上不是从观念出发，而是从客观实践出发。我们的知识分子出身的文艺工作者爱无产阶级，是社会使他们感觉到和无产阶级有共同的命运的结果。我们恨日本帝国主义，是日本帝国主义压迫我们的结果。世上决没有无缘无故的爱，也没有无缘无故的恨。至于所谓"人类之爱"，自从人类分化成为阶级以后，就没有过这种统一的爱。过去的一切统治阶级喜欢提倡这个东西，许多所谓圣人贤人也喜欢提倡这个东西，但是无论谁都没有真正实行过，因为它在阶级社会里是不可能实行的。真正的人类之爱是会有的，那是在全世界消灭了阶级之后。阶级使社会分化为许多对立体，阶级消灭后，那时就有了整个的人类之爱，但是现在还没有。我们不能爱敌人，不能爱社会的丑恶现象，我们的目的是消灭这些东西。这是人们的常识，难道我们的文艺工作者还有不懂得的吗？

"从来的文艺作品都是写光明和黑暗并重，一半对一半。"这里包含着许多糊涂观念。文艺作品并不是从来都这样。许多小资产阶级作家并没有找到过光明，他们的作品就只是暴露黑暗，被称为"暴露文学"，还有简直是专门宣传悲观厌世的。相反地，苏联在社会主义建设时期的文学就是以写光明为主。他们也写工作中的缺点，也写反面的人物，但是这种描写只能成为整个光明的陪衬，并不是所谓"一半对一半"。反动时期的资产阶级文艺家把革命群众写成暴徒，把他们自己写成神圣，所谓光明和黑暗是颠倒的。只有真正革命的文艺家才能正确地解决歌颂和暴露的问题。一切危害人民群众的黑暗势力必须暴露之，一切人民群众的革命斗争必须歌颂之，这就是革命文艺家的基本任务。

"从来文艺的任务就在于暴露。"这种讲法和前一种一样，都是缺乏历史科学知识的见解。从来的文艺并不单在于暴露，前面已经讲过。对于革命的文艺家，暴露的对象，只能是侵略者、剥削者、压迫者及其在人民中所遗留的恶劣影响，而不能是人民大众。人民大众也是有缺点的，这些缺点应当用人民内部的批评和自我批评来克服，而进行这种批评和自我批评也是文艺的最重要任务之一。但这不应该说是什么"暴露人民"。对于人民，基本上是一个教育和提高他们的问题。除非是反革命文艺家，才有所谓人民是"天生愚蠢的"，革命群众是"专制暴徒"之类的描写。

"还是杂文时代，还要鲁迅笔法。"鲁迅处在黑暗势力统治下面，没有言论自由，所以用冷嘲热讽的杂文形式作战，鲁迅是完全正确的。我们也需要尖锐地嘲笑法西斯主义、中国的反动派和一切危害人民的事物，但在给革命文艺家以充分民主自由、仅仅不给反革命分子以民主自由的陕甘宁边区和敌后的各抗日根据地，杂文形式就不应该简单地和鲁迅的一样。我们可以大声疾呼，而不要隐晦曲折，使人民大众不易看懂。如果不是对于人民的敌人，而是对于人民自己，那末，"杂文时代"的鲁迅，也不曾嘲笑和攻击革命人民和革命政党，杂文的写法也和对于敌人的完全两样。对于人民的缺点是需要批评的，我们在前面已经说过了，但必须是真正站在人民的立场上，用保护人民、教育人民的满腔热情来说话。如果把同志当作敌人来对待，就是使自己站在敌人的立场上去了。我们是否废除讽刺？不是的，讽刺是永远需要的。但是有几种讽刺：有对付敌人的，有对付同盟者的，有对付自己队伍的，态度各有不同。我们并不一般地反对讽刺，但是必须废除讽刺的乱用。

"我是不歌功颂德的；歌颂光明者其作品未必伟大，刻画黑暗者其作品未必渺小。"你是资产阶级文艺家，你就不歌颂无产阶级而歌颂资产阶级；你是无产阶级文艺家，你就不歌颂资产阶级而歌颂无产阶级和劳动人民：二者必居其一。歌颂资产阶级光明者其作品未必伟大，刻画资产阶级黑暗者其作品未必渺小，歌颂无产阶级光明者其作品未必不伟大，刻画无产阶级所谓"黑暗"者其作品必定渺小，这难道不是文艺史上的事实吗？对于人民，这个人类世界历史的创造者，为什么不应该歌颂呢？无产阶级，共产党，新民主主义，社会主义，为什么不应该歌颂呢？也有这样的一种人，他们对于人民的事业并无热情，对于无产阶级及其先锋队的战斗和胜利，抱着冷眼旁观的态度，他们所感到兴趣而要不疲倦地歌颂的只有他自己，或者加上他所经营的小集团里的几个角色。这种小资产阶级的个人主义者，当然不愿意歌颂革命人民的功德，鼓舞革命人民的斗争勇气和胜利信心。这样的人不过是革命队伍中的蠹虫，革命人民实在不需要这样的"歌者"。

"不是立场问题；立场是对的，心是好的，意思是懂得的，只是表现不好，结果反而起了坏作用。"关于动机和效果的辩证唯物主义观点，我在前面已经讲过了。现在要问：效果问题是不是立场问题？一个人做事只凭动机，不问效果，等于一个医生只顾开药方，病人吃死了多少他是不管的。又如一个党，只顾发宣言，实行不实行是不管的。试问这种立场也是正确的吗？这样的心，也是好的吗？事前顾及事后的效果，当然可能发生错误，但是已经有了事实证明效果坏，还是照老样子做，这样的心也是好的吗？我们判断一个党、一个医生，要看实践，要看效果；判断一个作家，也是这样。真正的好心，必须顾及效果，总结经验，研究方法，在创作上就叫做表现的手法。真正的好心，必须对于自己工作的缺点错误有完全诚意的自我批评，决心改正这些缺点错误。共产党人的自我批评方法，就是这样采取的。只有这种立场，才是正确的立场。同时也只有在这种严肃的负责的实践过程中，才能一步一步地懂得正确的立场是什么东西，才能一步一步地掌握正确的立场。如果不在实践中向这个方向前进，只是自以为是，说是"懂得"，其实并没有懂得。

"提倡学习马克思主义就是重复辩证唯物论的创作方法的错误，就要妨害创作情绪。"学习马克思主义，是要我们用辩证唯物论和历史唯物论的观点去观察世界，观察社会，观察文学艺术，并不是要我们在文学艺术作品中写哲学讲义。马克思主义只能包括而不能代替文艺创作中的现实主义，正如它只能包括而不能代替物理科学中的原子论、电子论一样。空洞干燥的教条公式是要破坏创作情绪的，但是它不但破坏创作情绪，而且首先破坏了马克思主义。教条主义的"马克思主义"并不是马克思主义，而是反马克思主义的。那末，马克思主义就不破坏创作情绪了吗？要破坏的，它决定地要破坏那些封建的、资产阶级的、小资产阶级的、自由主义的、个人主义的、虚无主义的、为艺术而艺术的、贵族式的、颓废的、悲观的以及其他种种非人民大众非无产阶级的创作情绪。对于无产阶级文艺家，这些情绪应不应该破坏呢？我以为是应该的，应该彻底地破坏它们，而在破坏的同时，就可以建设起新东西来。

五

我们延安文艺界中存在着上述种种问题，这是说明一个什么事实呢？说明这样一个事实，就是文艺界中还严重地存在着作风不正的东西，同志们中间还有很多的唯心论、教条主义、空想、空谈、轻视实践、脱离群众等等的缺点，需要有一个切实的严肃的整风运动。

我们有许多同志还不大清楚无产阶级和小资产阶级的区别。有许多党员，在组织上入了党，思想上并没有完全入党，甚至完全没有入党。这种思想上没有入党的人，头脑里还装着许多剥削阶级的脏东西，根本不知道什么是无产阶级思想，什么是共产主义，什么是党。他们想：什么无产阶级思想，还不是那一套？他们哪里知道要得到这一套并不容易，有些人就是一辈子也没有共产党员的气味，只有离开党完事。因此我们的党，我们的队伍，虽然其中的大部分是纯洁的，但是为要领导革命运动更好地发展，更快地完成，就必须从思想上组织上认真地整顿一番。而为要从组织上整顿，首先需要在思想上整顿，需要展开一个无产阶级对非无产阶级的思想斗争。延安文艺界现在已经展开了思想斗争，这是很必要的。小资产阶级出身的人们总是经过种种方法，也经过文学艺术的方法，顽强地表现他们自己，宣传他们自己的主张，要求人们按照小资产阶级知识分子的面貌来改造党，改造世界。在这种情形下，我们的工作，就是要向他们大喝一声，说："同志"们，你们那一套是不行的，无产阶级是不能迁就你们的，依了你们，实际上就是依了大地主大资产阶级，就有亡党亡国的危险。只能依谁呢？只能依照无产阶级先锋队的面貌改造党，改造世界。我们希望文艺界的同志们认识这一场大论战的严重性，积极起来参加这个斗争，使每个同志都健全起来，使我们的整个队伍在思想上和组织上都真正统一起来，巩固起来。

因为思想上有许多问题，我们有许多同志也就不大能真正区别革命根据地和国民党统治区，并由此弄出许多错误。同志们很多是从上海亭子间来的；从亭子间到革命根据地，不但是经历了两种地区，而且是经历了两个历史时代。一个是大地主大资产阶级统治的半封建半殖民地的社会，一个是无产阶级领导的革命的新民主主义的社会。到了革命根据地，就是到了中国历史几千年来空前未有的人民大众当权的时代。我们周围的人物，我们宣传的对象，完全不同了。过去的时代，已经一去不复返了。因此，我们必须和新的群众相结合，不能有任何迟疑。如果同志们在新的群众中间，还是像我上次说的"不熟，不懂，英雄无用武之地"，那末，不但下乡要发生困难，不下乡，就在延安，也要发生困难的。有的同志想：我还是为"大后方"的读者写作吧，又熟悉，又有"全国意义"。这个想法，是完全不正确的。"大后方"也是要变的，"大后方"的读者，不需要从革命根据地的作家听那些早已听厌了的老故事，他们希望革命根据地的作家告诉他们新的人物，新的世界。所以愈是为革命根据地的群众而写的作品，才愈有全国意义。法捷耶夫的《毁灭》，只写了一支很小的游击队，它并没有想去投合旧世界读者的口味，但是却产生了全世界的影响，至少在中国，像大家所知道的，产生了很大的影响。中国是向前的，不是向后的，领导中国前进的是革命的根据地，不是任何落后倒退的地方。同志们在整风中间，首先要认识这一个根本问题。

既然必须和新的群众的时代相结合，就必须彻底解决个人和群众的关系问题。鲁迅的两句诗，"横眉冷对千夫指，俯首甘为孺子牛"，应该成为我们的座右铭。"千夫"在这里就是说敌人，对于无论什么凶恶的敌人我们决不屈服。"孺子"在这里就是说无产阶级和人民大众。一切共产党员，一切革命家，一切革命的文艺工作者，都应该学鲁迅的榜样，做无产阶级和人民大众的"牛"，鞠躬尽瘁，死而后已。知识分子要和群众结合，要为群众服务，需要一个互相认识的过程。这个过程可能而且一定会发生许多痛苦，许多磨擦，但是只要大家有决心，这些要求是能够达到的。

今天我所讲的，只是我们文艺运动中的一些根本方向问题，还有许多具体问题需要今后继续研究。我相信，同志们是有决心走这个方向的。我相信，同志们在整风过程中间，在今后长期的学习和工作中间，一定能够改造自己和自己作品的面貌，一定能够创造出许多为人民大众所热烈欢迎的优秀的作品，一定能够把革命根据地的文艺运动和全中国的文艺运动推进到一个光辉的新阶段。

——摘自《毛泽东选集》第 3 卷，人民出版社1991 年版，第 847—877 页。注释略。

后　记

通过解读毛泽东的《讲话》，在《经典悦读系列丛书》中添上一本主题是文艺的小册子，是这套书开始写作时就有的计划。可惜过了十年才完成。

为什么潜意识里一直执着地想写文艺这个主题呢？很大的可能，是为了弥补自己曾经梦想成为一个文学青年，最后却没有从事文学工作的遗憾。有多少人都曾经梦想过做个文学青年，又有多少人最后以文学为业呢？少之又少，成长的过程就是文学梦想渐渐失去的过程。只不过，有些人早就心甘情愿地选择了放弃，有些人仍是无法割舍，自己显然属于后者，看到文学艺术作品就有阅读的冲动，看了电影还会写些自认为有哲理的影评，看了文艺理论、文艺评论就有研究的冲动。

为什么想写又一直没有写，一直没有写出来呢？答案是"不容易写"。围绕着《讲话》进行写作，难度还是比较大的。主要原因有二：一是《讲话》这篇文献实在是太容易读懂了。我们已经习惯于根据难以读懂、比较晦涩的文本做学术、写文章，根据通俗易懂的文字似乎就不会做学问、写不出学术作品。阅读起来容易写起来难，写出新的观点和看法更难。太容易读，反倒读不出深意，读不出思想。二是《讲话》这篇文献的背景与当今时代存在一些明显差异。20世纪40年代的中国与21世纪20年代的中国，时代背景有着极大不同，文艺发展状况已经发生很大变化。要拉近《讲话》和我们今天时代的距离，找到《讲话》所讲的文艺、文艺工作与我们今天的文艺、文艺工作的契合点、共鸣处也非易事。

当我们拿到毛泽东的《讲话》以及与之相类似的其他经典作品，应该怎样去读？怎样才能读出深意？在读完之后，怎样才能写出有时代感的作品？这是值得我们深思的问题。

研读一部有时代距离的经典，不能单纯就文本说文本，认为做些梳理、概括、总结的工作就够了，这些工作要做，但它们还是比较基础的，或者说是处于初级阶段的工作，还只是停留在经典的外部和文字层面，尚未深入其内部和逻辑层面。要想真正理解和掌握文本、真正挖掘出经典背后蕴藏的深意，就必须转变思维逻辑，走出概括归纳，进入深度研究，用今时的问题、今人的眼光去激活既有的文本，不仅要与经典"对话"，还要"站在巨人的肩膀上"接着言说。

研读一部有时代距离的经典，不是要让我们回到那个时代去，而是要透过今天的问题，从经典中找到一些启迪。只有拉近经典和现时代的距离，唤醒经典、激活经典，使经典对接现实，我们才能写出具有时代感和现代感的阐释性作品。读经典不仅要"进得去"，还要"出得来"，当然首先还是要"读进去"。读进去之后，如何出得来？就是要搞明白有什么基础理论问题，怎么理解，在此基础上寻找和对标现实问题，回答和解决现在的问题，才能出得来，才能有效地出来。我越来越深刻地意识到，经典所讲的"普遍的规律""深刻的道理"不会过时，但它们不会"其义自见"，需要我们深入经典中去读出来、挖掘出来。经典的魅力在于它们是能够穿透时代的，但是，经典的魅力能否彰显或者说能彰显到什么程度，取决于我们有没有深度阅读的能力，能否用现时代的问题激活经典，能否拉近经典与我们所生活于其中的时代的距离。

《讲话》无疑是关于文艺理论的经典之作，是值得我们反复阅读，也是一定会读有所获的作品。今年是毛泽东诞辰 130 周年，我们希望通过这个作品来表达我们的纪念。我们想激活《讲话》中的每一个精彩观点、每一段话甚至每一句话，但我们还是得说，可能会有遗漏，有一些内容可能没有被挖掘出来，可能还有一些深刻的、有意义的观点值得讨论。只能安慰自己，完成比完美更重要。不足的地方，还请这本书的读者批评指正，真诚地期待着读者朋友们的反馈。

陈培永

2023 年 7 月于北京大学燕北园